Fröhliche Wissenschaft 083

Marshall Sahlins

Das Menschenbild des Abendlands – ein Missverständnis?

Gedanken zur langen Geschichte von Hierarchie, Gleichheit und der Sublimierung der Anarchie im Abendland, mit vergleichenden Anmerkungen zu anders gelagerten Konzepten der Conditio humana

Aus dem amerikanischen Englisch von Andreas Leopold Hofbauer

Inhalt

In den Vorlesungsverzeichnissen der Universitäten der Vereinigten Staaten von Amerika finden sich in den letzten beiden Jahrzehnten immer weniger Seminare zum Thema »Westliche Zivilisation«. Ich bemühe mich im Folgenden diesen Trend noch zu verstärken, indem ich die gesamte »Kultur des Westens« auf etwa hundertfünfzig Seiten herunterbreche. Das lässt sich mit dem nietzscheanischen Prinzip rechtfertigen, dass jede große Aufgabe einem Kaltwasserbad gleicht – man sollte so schnell wie möglich wieder herauskommen.

Seit mehr als zwei Jahrtausenden werden die Menschen des sogenannten Westens vom Phantom ihres eigenen inneren Wesens heimgesucht: vom Schreckgespenst des gierigen und Streit suchenden Menschen, der, wenn er nicht auf irgendeine Art und Weise der Herrschaft unterworfen wird, die Gesellschaft unweigerlich in die Anarchie stößt. Die politische Wissenschaft vom widerspenstigen Tier hat zumeist zwei gegensätzliche und sich wechselseitig ablösende Formen hervorgebracht: entweder Hierarchie oder Gleichheit, entweder monarchische Autorität oder republikanischer Ausgleich; entweder ein System der Herrschaft, das (idealerweise) den angeborenen Egoismus der Menschen durch eine äußere Macht zügelt oder ein sich selbst organisierendes System des freien und gleichberechtigten Austausches von Kräften, deren Opposition (idealerweise) die Einzelinteressen vermittelt und auf diese Weise dem Gemeinwohl dient. Jenseits des Politischen darf man das eine totalisierte Metaphysik der Ordnung nennen, weil dasselbe Grundmuster einer ursprünglichen Anarchie, überwunden durch

Hierarchie oder Gleichheit, ebenso für die Organisation des Universums oder einer Stadt und auch in den therapeutischen Konzepten geltend gemacht wird. Ich behaupte, dass es sich hierbei um eine spezifisch westliche Metaphysik handelt, weil sie von einem Gegensatz zwischen Natur und Kultur ausgeht, der kennzeichnend für unsere eigene Geschichte ist – und der im Widerspruch zur Sichtweise vieler Völker steht, denen Tiere im Grunde menschlich erscheinen und nicht Menschen im Grunde tierisch. Diese Völker kennen keine ursprüngliche »Natur«, und sie meinen auch nicht, eine solche überwinden zu müssen. Für ihre Sichtweise spricht, dass die menschliche Gattung, der Homo sapiens, erst relativ spät unter der Federführung einer viel älteren menschlichen Kultur in Erscheinung getreten ist. Aufgrund unserer eigenen paläontologischen Beweise sind auch wir tierische Geschöpfe der Kultur, ausgestattet mit der Biologie unseres Symbolisierungsvermögens. Die Vorstellung, wir seien die unfreiwilligen Knechte unserer tierischen Veranlagung, ist nichts weiter als eine Illusion – eine Täuschung, die gleichfalls der Kultur entspringt.

Der zurzeit in den USA so populäre genetische Determinismus, der scheinbar alle Arten kultureller Hervorbringungen mit den diesen innewohnenden und widerstreitenden Eigeninteressen erklärt, geht mir gegen den Strich. Genauso geht es mir mit dem ähnlich gelagerten Konstrukt, das von den Wirtschaftswissenschaften aufgestellt wird und das von einem autonomen Individuum ausgeht, das sich mithilfe »rationaler Entscheidungen« ausschließlich um die Befriedigung eigener Bedürfnisse kümmert – ganz abgesehen von ähnlichen Gemeinplätzen, wie sie von der in Mode gekommenen Evolutionspsychologie und Soziobiologie verbreitet werden, die eine universelle Sozialwissenschaft vom »egoistischen Gen« vertreten. Jedoch schon Oscar Wilde sagte von den Professoren, dass ihre Unwissenheit das Ergebnis langer Studien sei. Während sie die historischen Tatsachen völlig ignorieren, vergessen diese Evolutionsfanatiker, das klassisch bürgerliche Subjekt in ihr Porträt von der sogenannten menschlichen Natur aufzunehmen. Oder sie feiern ihren Ethnozentrismus, indem sie bestimmte, nur in unserem Kulturkreis übliche Praktiken als Beweis für die Allgemeingültigkeit ihrer Theorien über das menschliche Verhalten anführen. Für solche Ethnowissenschaft scheint die Maxime zu gelten: *l'espèce, c'est moi* – die Spezies bin ich.

Ich widerspreche auch dem derzeitigen Konsens – und damit beziehe ich mich auf die Leidenschaft der Postmoderne für die Unbestimmtheit –, der extravagante Behauptungen über die Einzigartigkeit der westlichen Vorstellung von der angeborenen Bösartigkeit des Menschen aufstellt. Auch bei anderen Staatsgebilden kann man entsprechende Vorstellungen finden, dann nämlich, wenn diese ein ähnliches Interesse an der Kontrolle der ihnen unterworfenen Bevölkerung an den Tag legen. Sogar die konfuzianische Philosophie mit ihrer Hypothese, dass der Mensch grundsätzlich gut sei (Mengzi) oder von Natur aus zum Guten befähigt (Konfuzius), kennt davon abweichende Ideen seiner natürlichen Bösartigkeit (Xunzi). Davon einmal abgesehen glaube ich allerdings, dass weder die chinesische noch irgendeine andere Tradition bei der Verteufelung der menschlichen Natur der westlichen gleichkommt: In dieser verkörpert sie den uralten Skandal menschlicher Gier und den Gegensatz von Kultur und Natur, der diesem zugrunde liegt.

Allerdings waren wir von unserer eigenen Verderbtheit nicht immer so gründlich überzeugt. Es gibt auch andere Entwürfe vom menschlichen Wesen, etwa im Bezug auf unsere verwandtschaftlichen Beziehungen, die ihren speziellen Ausdruck in unseren Philosophien fanden. Nichtsdestotrotz verstanden wir uns lange Zeit zur Hälfte als Tier, und diese Hälfte erwies sich bockig gegenüber jeder List der Kultur. Auch wenn ich hier nicht in Anspruch nehme, eine nachhaltige Erzählung über diese düstere Deutung, was wir denn nun eigentlich seien, vorzulegen – ich behaupte nicht Ideengeschichte zu schreiben, geschweige denn »Archäologie« zu betreiben –, so möchte ich doch deutlich machen, dass man diese Haltung von den intellektuellen Vorläufern eines Thukydides bis hin zu Augustinus, von Niccolò Machiavelli bis zu den Autoren der *Federalist Papers* und weiter zu unseren heutigen Soziobiologen unter die wissenschaftliche Rubrik des »Hobbesianismus« einordnen darf. Manche seiner Vertreter waren Monarchisten, andere wiederum Anhänger des demokratischen Republikanismus – aber ungeachtet aller Unterschiede teilten sie dasselbe düstere Bild der menschlichen Natur.

Ich werde zunächst bei der überaus engen Verbindung zwischen der politischen Philosophie von Thukydides, Thomas Hobbes und John Adams ansetzen. Die bemerkenswerten Bezugspunkte innerhalb dieser Trias von Autoren werden es uns erlauben, die Hauptkoordinaten im metaphysischen Dreieck von Anarchie, Hierarchie und Gleichheit zu skizzieren. Wie unterschiedlich ihre Lösungsansätze des fundamentalen Problems vom menschlichen Bösen auch ausgefallen sind, Hobbes wie Adams fanden im Bericht des Thukydides vom Peloponnesischen

Krieg, namentlich bei der blutigen Beschreibung des Bürgerkriegs in Kerkyra (heute: Korfu), das Modell für ihre eigenen Vorstellungen von den Gräueln, die zu erwarten sind, wenn das natürliche Verlangen des Menschen nach Macht und eigenem Vorteil nicht gezügelt wird.

Hobbes und Adams als Anhänger des Thukydides

1763 verfasste der junge John Adams einen kurzen Essay mit dem Untertitel »Alle Menschen wären Tyrannen, wenn sie es könnten«. Adams veröffentlichte diese Schrift nie, griff aber 1807 das Thema nochmals auf, um das im Text gezogene Fazit zu bekräftigen, dass alle »einfachen« (unvermischten) Formen der Regierung, einschließlich der reinen Demokratie, wie auch alle moralischen Wertvorstellungen, geistigen Errungenschaften sowie alle Mächte des Wohlstands, der Schönheit, der Künste und der Wissenschaft keinerlei Schutz vor den selbstsüchtigen Begierden böten, die in den Herzen der Menschen wüten und zwangsläufig in einem grausamen und tyrannischen Regime enden. Er erklärt den Titel seines *Essays on Man's Lust for Power* so:

> Diese knappe und einfache Beobachtung der menschlichen Natur, die jeder, der

> schon einmal ein Traktat über die Moral gelesen oder Umgang mit der Welt hatte [...] des Öfteren gemacht haben muss, besagt meiner Meinung nach nichts weniger, als dass die selbstsüchtigen Leidenschaften stärker sind als die sozialen Bestrebungen und dass die erstgenannten immer über die letztgenannten, und zwar bei jedem Menschen, der den natürlichen Beweggründen seines eigenen Verstandes überlassen bleibt, obsiegen werden, insofern sie nicht durch eine andere äußere Macht gezügelt und eingedämmt werden.

Von einer solchen Conditio humana blieb Adams zeitlebens überzeugt. Später ergänzte er sie durch die Idee, dass nur eine Regierung der ausgleichenden Kräfte in der Lage sei, ein solches Untier zu kontrollieren. Schon 1767 hatte er festgestellt, dass die zwanzig Jahre seiner Untersuchungen zur »geheimen Triebfeder« menschlichen Handelns ihn mehr und mehr davon überzeugt hätten, dass »sich die Menschheit insgesamt, angefangen beim Fall Adams bis zur Gegenwart, gewaltigen Wahnvorstellungen, niederträchtigen Neigungen, schäbigen Lüsten und brutalen Begierden überantwortet hätte«. Diese korrumpierten Antriebe seien zudem »stärker als das Gesellige«. Er verwendet dabei eine Sprache, die an die von Thukydides gemahnt, wenn dieser bestimmte Ereignisse aus dem Peloponnesischen Krieg beschreibt; und auch Adams beklagt die Zerbrechlichkeit staatsbürgerlicher Einrichtungen angesichts der egoistischen Triebe des Menschen. »Religion, Überzeugungen, Eide, Erziehung, Gesetze – sie alle werden angesichts der Leidenschaften, des Eigeninteresses und der Macht zuschanden« – solange und bis sie »nicht durch Leidenschaft, Eigeninteresse und Macht« wieder in die Schranken gewiesen werden. Daher rührt seine unentwegte Parteinahme für eine Regierung ausbalancierter Machtbestrebungen. Nur indem sich eine Macht der anderen entgegenstellt, kann die zerstörerische Grundvoraussetzung vielleicht doch auf vorteilhafte Weise genutzt werden. Wie zahlreiche seiner gebildeten Landsleute befürwortete auch Adams die republikanische Form einer aristotelischen oder polybianischen Mischverfassung, die dem Volk die Souveränität sicherte, indem Demokratie, Oligarchie und Monarchie so kombiniert werden sollten, dass deren jeweilige Vorzüge wirksam, ihre Exzesse aber eingedämmt blieben. Wenn einem von der Allgemeinheit gewählten Unterhaus ein Oberhaus gegenübergestellt würde, dessen Mitglieder aus dem wohlhabenden Adel stammen, könne der schwelende Konflikt zwischen den

Reichen und den Armen beruhigt werden, selbst wenn diese Legislative insgesamt durch eine einzelne Exekutivinstanz infrage gestellt wurde. Jede dieser drei Staatsformen für sich genommen würde, überließe man sie sich selbst und der menschlichen Natur, zu selbstherrlicher Tyrannei führen; werden sie jedoch miteinander kombiniert, sollte gerade ihr Widerstreit die häusliche Ruhe gewährleisten.

Adams war mit den düsteren Ansichten über das Wesen des Menschen von Hobbes, Mandeville, Machiavelli und ähnlich Denkenden vertraut. Für die historische Beweisführung verließ er sich allerdings besonders auf Thukydides. Las er Thukydides und Tacitus, so schien ihm, als lese er »die Geschichte meines eigenen Zeitalters und meines eigenen Lebens«. Die Parteistreitigkeiten, die die Geburt der amerikanischen Republik begleiteten, schienen ihm den Klassenkonflikten des 5. Jahrhunderts v. Chr. in Griechenland ähnlich, und Thukydides wurde für Adams zum Kronzeugen für das Chaos, das ausbricht, wenn Leidenschaften und Parteiinteressen außer Kontrolle geraten. Deshalb steht der Geschichtsschreiber im Zentrum des Vorworts von Adams' *Defence of the Constitutions of the United States*: »Es ist unmöglich, den Bericht des Thukydides über das Durcheinander und die Zersplitterung im gesamten Griechenland in seinem dritten Buch der *Geschichte des Peloponnesischen Krieges* zu lesen, ohne vom Entsetzen ergriffen zu werden.« Im Anschluss zitiert er dann die Stelle des Berichts von Thukydides (Buch III, 70–85), die den Bürgerkrieg (*stasis*) von Kerkyra schildert.

Ich fasse die Darstellung von Thukydides zunächst sehr knapp zusammen. Er beschäftigt sich mit dem Aufstand der »Wenigen« gegen die »Vielen«, mit der Rebellion der privilegierten Klasse gegen die demokratische Verfassung des Volkes, würde man heute sagen. Die Rebellion, von der Thukydides berichtet, zielte darauf ab, die Allianz von Kerkyra mit Athen aufzukündigen und stattdessen ein oligarchisches Regime einzusetzen, das sich mit Sparta verbündet. Nach einer Reihe gewaltsamer Zusammenstöße, bei denen auch Gesetz und Religion mit Füßen getreten wurden, war jede Seite zeitweilig erfolgreich; das forderte immer höhere Verluste, die noch wuchsen, als die Spartaner auf Seiten der Oligarchie und die Athener auf Seiten des Volkes intervenierten. Zum Schluss riegelte die athenische Flotte die Stadt vom Meer aus ab, und die Parteigänger der Oligarchen wurden in einem grausamen Massaker von einem rasenden Mob niedergemetzelt:

> Sieben Tage seit der Ankunft Eurymedons und der sechzig Schiffe, solange er dablieb, mordeten die Kerkyrer jeden, den sie für ihren Gegner hielten; sie gaben ihnen Schuld, dass sie die Volksherrschaft stürzen wollten, aber manche fielen auch persönlicher Feindschaft zum Opfer, wie andere, die Geld ausgeliehen hatten, von der Hand ihrer Schuldner. Der Tod zeigte sich da in jeder Gestalt, wie es in solchen Läuften zu gehen pflegt, nichts, was es nicht gegeben hätte und noch darüber hinaus. Erschlug doch der Vater den Sohn, manche wurden von den Altären weggezerrt oder dortselbst niedergehauen, einige auch eingemauert im Heiligtum des Dionysos, sodass sie verhungerten.

Diese *stasis* war offenbar schrecklicher als jede vorherige, und doch war der Bürgerkrieg von Kerkyra nur der erste derart grausam geführte in einer Reihe noch folgender während des Peloponnesischen Krieges. Alte Konflikte um die Macht in den Stadtstaaten wurden durch die Einmischung der Spartaner und Athener auf Seiten der Oligarchen oder des Volkes noch verschärft. Thukydides' Beschreibung des voranschreitenden Zusammenbruchs der bürgerlichen Gesellschaft gleicht bemerkenswerterweise seinem Bericht von der Pest in Athen. Tatsächlich überträgt er das Bild einer epidemischen Verbreitung auf das politische »Fieber«, das sogar noch heimtückischere Auswirkungen hat, weil es sich von Stadt zu Stadt ausbreitet. Doch die Pest, die sich hier entfesselt zeigte, war nichts anderes als die menschliche Natur. Eine »menschliche Natur, die auch gegen das Gesetz gern sündigt, [konnte] unbekümmert zeigen, wie sie des Zornes nicht Meister wird, des Rechtes Verächterin und Feindin jedes Höhergestellten«. »Die Ursache von dem allem«, so Thukydides, »war die Herrschsucht mit ihrer Habgier und ihrem Ehrgeiz und daraus dann, bei der entbrannten Kampfwut, noch das wilde Ungestüm.« Thukydides behauptet anschließend, dass derlei Übel immer wieder – als ein neues »Fieber« – ausbrechen wird, »solange die Natur des Menschen unverändert bleibt«. Genau an dieser Stelle, die er ebenfalls zitiert, bricht John Adams seine Erläuterung des Textes ab und stellt fest: »Hätte dieser reizbare Geschichtsschreiber vom Ausgleich der drei Mächte gewusst, so hätte er den Aufruhr nicht als unheilbar beschrieben und hinzugefügt – solange sich die Parteien in den Städten gegenseitig nicht im Gleichgewicht halten.«

In Thukydides' folgender Schilderung des »Aufruhrs« halten nicht allein die wichtigsten

Einrichtungen der Gesellschaft der menschlichen Natur nicht stand, sondern auch die Sprache selbst verfällt. Moralische Verkommenheit war mit einer eigennützigen Scheinheiligkeit derart vermengt, dass »der bislang gültige Gebrauch der Namen für die Dinge« durcheinandergeriet. In seinem bemerkenswerten Buch *Representative Words* spricht Thomas Gustafson von einem urbildlichen »Thukydideischen Moment«, wenn die Korrumpierung von Mensch und Sprache in eins fallen. Quentin Skinner, der dieselbe Stelle bei Thukydides zitiert, identifiziert die entscheidende rhetorische Figur als eine »Paradiastole«, die auf moralisch gegenläufige Bewertungen eines Begriffs verweist. So lässt sich etwa der Begriff »Demokratie« zu einer »Herrschaft des Pöbels« verdrehen und als solche verunglimpfen. (Um ein Beispiel aus der Gegenwart zu nennen, erinnere ich an den sogenannten mitfühlenden Konservativismus der Regierung Bush, der den Reichen Steuererleichterungen auf Kosten der Gesellschaft und im Namen der »Fairness« verschaffte – sie haben es verdient, also steht es ihnen auch zu. Dort wurde dann auch die Erbschaftssteuer »Todessteuer« genannt.) Dasselbe geschah in Kerkyra, als die Worte im kompromisslosen Kampf um die Macht verleumdet wurden und »schlecht« und »recht« ins jeweilige

Gegenteil verkehrt wurden. Geheime Verschwörung nannte man »Selbstverteidigung«, umsichtiges Zögern und Abwägen wurde als »falsche Feigheit« gebrandmarkt, rasende Gewalt als »Männlichkeit« gepriesen, während Zurückhaltung den Mangel an ebendieser Männlichkeit bewies. Eide bedeuteten nichts, sobald es Vorteile versprach, sie zu brechen. Wie der Altphilologe W. Robert Connor bemerkt, blieb als einziges Prinzip

> die Veranschlagung des Eigennutzes. Nun sind alle Sitten im Leben der Griechen dahin – Versprechen, Eide, Gesuche, Verpflichtungen gegenüber der Familie und den eigenen Wohltätern und selbst die Konvention schlechthin, die Sprache selbst, ist aufgegeben. Nun herrscht Hobbes' *bellum omnium contra omnes.*

Das stimmt – insoweit nämlich Hobbes der Erste war, der Thukydides aus dem Griechischen ins Englische übertrug. Wenn es demnach den Anschein hat, Thukydides sei Hobbesianer, dann liegt das daran, dass Hobbes seinerseits Thukydianer war. In seiner Übersetzung der *Geschichte des Peloponnesischen Krieges* aus dem Jahre 1628 preist Hobbes Thukydides als den »politischsten Historiker, der jemals geschrieben hat«. Und in dieser Hinsicht sieht er ihn auf Augenhöhe mit einem Homer in der Dichtkunst, einem Aristoteles in der Philosophie und einem Demosthenes in der Redekunst. Was Hobbes an Thukydides vor allem gefiel, war dessen offenkundige Abneigung gegenüber der Demokratie und sein unermüdlicher Versuch, ihr Scheitern nachzuweisen (so las er ihn zumindest). Gewisse Formen dieses Scheiterns sind hier von besonderer Bedeutung, da sie dieselbe Ursache haben, die John Adams seinerseits für eine erfolgreiche Republik veranschlagte – den Ausgleich der Mächte. Den Schilderungen des Thukydides über die Art und Weise, wie in den Volksversammlungen der Athener Bürger Politik betrieben wurde, entnahm Hobbes, dass die Demagogen, die ihre eigenen Ziele verfolgten, »jeweils die Vorschläge der anderen durchkreuzten« und damit der Stadt insgesamt schadeten. Das Debakel der Invasion Siziliens und die Debatten darüber galten als Paradebeispiel. Dem sind auch die ein wenig holperigen Verse aus Hobbes gereimter Autobiografie gewidmet:

Homer, *Vergil*, *Horaz* und *Sophokles*,
Plautus, *Euripides* und *Aristophanes*,
Nichts weniger verstand ich als dies:
Keiner gefiel besser mir als *Thukydides*

Demokratie, sagt er, ist dumm nicht
wenig,
keine Republik weiser als ein König.

Altphilologen und Hobbes-Experten haben festgestellt, dass der Bericht von Thukydides über den Bürgerkrieg in Kerkyra die Hauptquelle für Hobbes' Idee vom Naturzustand darstellt. So bemerkt zum Beispiel Terence Ball: »Punkt für Punkt kann man Hobbes' Begriff vom Naturzustand mit Thukydides' Bericht über die kerkyrische Revolution vergleichen.« Doch weder beginnen hier die Parallelen noch enden sie. Selbst jenseits der Anarchie, die bei Hobbes im Naturzustand herrscht – und die, wie bei Thukydides, aus der natürlichen »Herrschsucht mit ihrer Habgier und ihrem Ehrgeiz« entspringt –, gleicht Hobbes' Beschreibung der »Unzulänglichkeiten« des Naturzustandes den Bemerkungen von Thukydides über die Ursprünge der Griechen (in der sogenannten »Vorzeit« in Buch I). Durch wechselseitige Angst vor Überfällen untereinander zerstritten und kulturell rückständig, trieben nach Thykydides – wie auch nach Hobbes – die ersten Menschen weder Handel noch Seefahrt oder Ackerbau. Bettelarm und nomadisierend hatten die ersten Griechen weder Städte gebaut, noch »erlangten sie sonst irgendeine Form von Größe«.

Auch Hobbes ging davon aus, dass die Menschen im Naturzustand über keine »komfortablen Gebäude« verfügten, weder Künste hervorbrachten noch schriftliche Aufzeichnungen oder Berichte über ihre Zeit verfassten. Stattdessen war ihr Leben bekanntlich »einsam, armselig, ekelhaft, tierisch und kurz«.

Sah John Adams einen Ausweg aus der Anarchie, wie sie der »reizbare Geschichtsschreiber« des antiken Griechenlands beschrieben hatte, in einem sich selbst ausgleichenden System von wetteifernden Mächten, so lag für Hobbes die Lösung beim allmächtigen Souverän, der »sie alle im Zaum halte«. Beiden ging es um eine zwingende Beschränkung und Zügelung des dem Menschen innewohnenden Hangs, unentwegt auf Kosten anderer auf den eigenen Vorteil bedacht zu sein. Man könnte sagen, dass diese beiden Meisterdenker auf unterschiedliche Weise ihre Übereinstimmungen einer Lösung zuführen wollten, zumal Hobbes von derselben Notwendigkeit einer Regierung ausging wie Adams. So schrieb Hobbes in *Vom Menschen*:

> Nach dieser Methode bin ich verfahren; an erster Stelle setze ich deshalb den allen durch Erfahrung bekannten und von jedermann anerkannten Grundsatz, dass

> der Sinn der Menschen von Natur so beschaffen ist, dass, wenn die Furcht vor einer über alle bestehenden Macht sie nicht zurückhielte, sie einander misstrauen und einander fürchten würden und dass jeder durch seine Kräfte sich mit Recht schützen könne und notwendigerweise auch wolle.

Wie schon oft erwähnt – insbesondere in C. B. Macphersons ausgezeichnetem Buch über den »Besitzindividualismus« – ist die Schilderung des Übergangs vom natürlichen in den politischen Zustand, wie ihn Hobbes im *Leviathan* entwickelt hat, auch ein Ursprungsmythos der kapitalistischen Geisteshaltung. Ausgehend von der Annahme, dass jeder ständig den eigenen Besitzstand sichern will, folgt durch wechselseitige Übergriffe, bei denen die »Macht eines Einzelnen den Auswirkungen der Macht eines anderen widersteht und diese verhindert«, zwingend der allgemeine Mangel an Mitteln. Hier zeigt sich wieder, dass gerade das, was Adams als etwas Positives vorstellte, für Hobbes der Quell zukünftigen Übels war. Und die Entwicklung, die auf den trivialen bourgeoisen Wettstreit folgt, ist eine noch schlimmere, führt sie doch zur totalen Ausbeutung im Kapitalismus, in dem sich jeder in der Situation befindet, seinen Besitzstand nur dann wahren zu können, wenn er andere unterdrückt und deren Kraft für seinen eigenen Vorteil ausnutzt. Nebenbei möchte ich an dieser Stelle darauf verweisen, dass Hobbes zwar ein großer Kritiker des Missbrauchs von Worten war; dennoch ist seine Beobachtung, dass alle Handlungen, einschließlich der lobenswerten, nichts anderes als unzählige Möglichkeiten seien, Macht über andere zu gewinnen, das zweckmäßige Pendant einer Paradiastole. Großzügigkeit, Freundlichkeit, Edelmut und jede andere Eigenschaft bedeuten ausschließlich Macht, »die einem Menschen die Liebe oder die Furcht vieler einbringt oder den Ruf einer solchen Eigenschaft, weil sie ein Mittel ist, die Hilfe und den Dienst vieler zu erlangen«. Man fühlt sich hier an die gegenwärtig herrschende Besessenheit vom Begriff »Macht« erinnert, der sich unter den Sozialwissenschaftlern und in den Kulturwissenschaften breitgemacht hat; eine Art *Machtfunktionalismus*, der auch noch die unterschiedlichsten Kulturformen im Säurebad der Herrschaftseffekte auflöst. (Dies verdeutlicht auch Hobbes' Anschauung, dass Universitäten verbessert werden können, wenn man die »Häufigkeit bedeutungsloser Reden« senkt.) Doch kehren wir zu Hobbes' Urzustand zurück. Angeleitet von Vernunft und getrieben von Furcht beschließen die

Menschen letztendlich, ihr persönliches Recht auf Gewaltanwendung an eine souveräne Macht abzutreten, die dieses zugunsten des kollektiven Friedens und der Verteidigung ihrer Interessen vertritt. Auch wenn diese souveräne Macht eine Volksversammlung sein könnte, stand für Hobbes doch fest, dass nach der Erfahrung der parlamentarischen Selbstüberhöhung »ein König sinnvoller ist«.

Gegensätze haben ihre Ursache in Gegensätzen, sagt Aristoteles. Die Gegensätzlichkeit von Hierarchie und Gleichheit, Monarchie und Republik ist in sich selbst dialektisch. Die eine kann nur vor der Folie der anderen definiert werden, sei es in der angewandten Politik oder in der ideologischen Debatte. Die jeweilige Motivation liegt immer im unmittelbaren historischen Kontext: Adams nahm an der Rebellion gegen die britische Krone teil; Hobbes' Absolutismus speist sich aus den Angriffen auf die königlichen Vorrechte. Abseits dessen aber nahmen diese Autoren innerhalb der abendländischen Kultur ihre jeweiligen Positionen im Rahmen des jahrhundertealten Streits zwischen der monarchischen Souveränität und der Volkssouveränität ein. Sie bemühten die Argumente historischer Antagonisten und alter politischer Verfassungen. Für Adams war Hobbes ein Gesprächspartner auf Augenhöhe: »Hobbes steht trotz seines unglücklichen Naturells und auch trotz seiner verabscheuenswerten Prinzipien in seinem Genie und seiner Gelehrtheit keinem seiner Zeitgenossen nach.« Hobbes wiederum reagierte mit seiner Königstreue, wie Quentin Skinner zeigt, auf die republikanischen Lehren der Antike: auf die Theorien Roms und der Renaissance der bürgerlichen Ordnung und deren Schwerpunkt auf dem gleichberechtigten Stimmrecht aller Bürger im Staat. Einer der Ansprüche des *Leviathan*, so schreibt Skinner, bestand darin, »die gesamte Struktur dieses [republikanischen] Denkens zum Einsturz zu bringen und mit dieser zugleich auch die Theorie von der Gleichheit und den Bürgerrechten, aus denen sich die humanistische Staatsrechtslehre entwickelt hatte«. Darüber hinaus gilt es (mit Hegel) zu bedenken, dass ein Gegensatz den anderen in der Negation aufhebt und umfasst. Wenn Hobbes einen Naturzustand einführt, in dem jeder das gleiche Recht auf alles hat, kreiert er, weil dies solcherart zum permanenten Kriegszustand führt, dieses Problem erst; ebenso verhält es sich mit Adams, der ein Ende des naturbedingten Krieges in der Tyrannei sieht. Die »Gesamtstruktur des Denkens« sollte Hobbes' Absolutismus als das geschichtliche Gegenstück zum Republikanismus einschließen, den er doch zu Fall bringen wollte.

Es handelt sich hier um eine diachronische und dynamische Struktur wechselseitig abhängiger Gegensätze, um zwei gegensätzliche Formen kultureller Ordnung, die sich über einen langen Zeitraum hinweg abwechseln.

Aus einer anderen Perspektive stehen souveräne Herrschaft und republikanischer Ausgleich – beides Regime, die das renitente menschliche Tier in seine Schranken weisen – auf derselben kulturellen Seite der grundlegenden Natur-Kultur-Dichotomie, die diese »Anschauungsweisen« bestimmt. Die Natur ist unumgänglicher Ausgangspunkt, ein vorgesellschaftlicher, antisozialer Egoismus, mit dem die Kultur fertigwerden muss, wenn sie sich ihm nicht unterwerfen will, so wie in Kerkyra, wo die von der Kultur geschaffene Ordnung im Strudel der entfesselten Begehrlichkeiten nach Macht und Besitz untergegangen ist. Diese Antithese von Natur und Kultur ist alt und hält sich ebenso hartnäckig wie alle Vorstellungen von Herrschaftsformen, die aus ihr hervorgehen. Sie ist älter als Thukydides und, wie wir noch sehen werden, auch heute in Form des egoistischen Gens präsent.

Selbstverständlich erwähne ich diese drei – Thukydides, Hobbes und Adams – nur exemplarisch. Dieselbe Politik der menschlichen Selbstverachtung wurde auch von vielen anderen bedeutenden und nicht ganz so bedeutenden Menschen betrieben. Der »Mensch ist ein Tier, das, wenn es unter andern seiner Gattung lebt, einen Herrn nöthig hat«, bemerkte Kant. Dennoch musste auch er zugeben, dass der Fall ohnehin hoffnungslos sei, stelle sich doch folgendes Problem: »Wo nimmt er aber diesen Herrn her? Nirgend anders als aus der Menschengattung. Aber dieser ist eben so wohl ein Thier, das einen Herrn nöthig hat.« Mit einem scheinbar grotesken Gedankensprung lässt sich das auch anders ausdrücken. Angewidert von den rassistisch motivierten Übergriffen und den sogenannten *Draft Riots*, gewaltsamen Aufständen im Zuge der Rekrutierungsmaßnahmen von 1863 in New York, hat Herman Melville den Bürgerkrieg von Kerkyra in Reimform folgendermaßen nachgedichtet:

Eingenommen ist die Stadt von ihren
Ratten –
Ratten von den Schiffen und Ratten
von den Kais.
Bürgerliche Sitte und priesterlicher
Zauberspruch,
die bis zuletzt den Herzen Ehrfurcht
lehrten –
von Angst ergriffen sind sie nun,
unterworfen einer bess'ren Herrschaft

als der des schwankenden Selbst;
geschwunden sind sie wie der Traum,
ganze Aeonen rückwärts stürzt der
Mensch, zurück im Laufe der Natur …

Melville spricht hier nicht bloß von einer natürlichen Anarchie, sondern auch von ihrer Aufhebung durch eine souveräne Macht. Hinter der brutalen Niederschlagung der Aufstände durch die Union Army erkennt Melville einen diktatorischen Abraham Lincoln, der in Gestalt eines »weisen Drachens« die »zynische Tyrannei rechtschaffener Könige« ausübt, indem er die republikanische Eintracht und jeglichen Glauben an das Gute im Menschen zerstört.

Auch wenn sie immer noch der menschlichen Natur verpflichtet ist, so geht unsere Allegorie doch weit über das Politische hinaus. Dasselbe dynamische Schema kann in den unterschiedlichsten kulturellen Gebieten nachgewiesen werden, von der elementaren Zusammensetzung der Materie bis hin zur Struktur des Kosmos, in diversen therapeutischen Konzepten, die den menschlichen Körper betreffen, bis hin zu stadtplanerischen Konzepten. Wir haben es hier mit einer veritablen Metaphysik der Ordnung zu tun, die weit in die Vergangenheit zurückreicht und sich abstrakt als Gegensätzlichkeit beschreiben lässt, die sich im Zuge der Transformation von sich selbst verherrlichenden individuellen Elementen zu einem stabilen Kollektiv entwickelt. Dies geschieht entweder durch die einschränkenden Eingriffe einer externen Macht, die die widerstreitenden Elemente auf ihre Plätze verweist, oder durch diese Elemente selbst, die sich gegenseitig in Schach halten. Hier zeigt sich die Struktur einer *longue durée*: einer periodisch auftretenden und dynamischen Metaphysik von Anarchie, Hierarchie und Gleichheit.

Antikes Griechenland

Man könnte meinen, Thukydides habe seine Beschreibung der Anarchie in Kerkyra aus Hesiods Klage über den Zustand der Menschheit als degeneriertes »Geschlecht von Eisen« übernommen. Auch dort war die Gerechtigkeit ein wankelmütiges Ding und der natürliche Hang zu rücksichtslosem Wettbewerb völlig enthemmt. Etwa vier Jahrhunderte vor Thukydides kamen in Hesiods *Werke und Tage* schon dieselben Vergehen an nahen Verwandten und Verstöße gegen die Moral zur Sprache, dieselben »krummen Worte« und »Meineide«, dieselbe Gier nach Macht und Besitz, dieselbe Gewalt und Zerstörung. Für das »Geschlecht von Eisen« gilt:

> Nicht wird es Gemeinschaft von Vater und Kindern geben, ebenso wenig bei Kindern und Vater, nicht wird der Gast dem Gastfreund lieb sein, nicht der Freund dem Gefährten und selbst nicht der Bruder dem Bruder, wie früher.

> Bald werden sie die greisen Eltern entehren […]. [S]ie werden auch nicht ihren greisen Eltern den Pflegelohn geben, sondern Faustrecht üben, ja, der eine wird die Stadt des anderen zerstören. Weder wird der Eidestreue Achtung finden noch der Gerechte noch der Redliche, sondern eher werden sie Frevler und Gewaltmenschen ehren. Das Recht liegt in den Fäusten, Rücksicht wird es nicht geben. Der Schurke schädigt den Ehrenmann mit krummen Worten und schwört einen Meineid. Neid wird alle die elenden Menschen begleiten, lärmend, hämisch, Haß im Blick.

Der Altphilologe Gerard Naddaf kommentiert das so: »Hesiod ist der Ansicht, dass sich die Menschen ohne Gerechtigkeit wie die Tiere gegenseitig auffressen würden. Es herrscht dann eine Art hobbesianischer Naturzustand – dem Zustand aus der Zeit vor der Herrschaft des Zeus nicht unähnlich.«

Hobbes wird also immer älter und älter. In der Tat büßt er auch mehr und mehr an Originalität ein, wenn man sieht, dass sich Naddaf hier auf die Errichtung des allgemeinen Friedens und der allgemeinen Ordnung durch den souveränen Gott Zeus bezieht, der die rebellischen Titanen unterwirft, die ihrerseits eine

Art archetypische Erscheinung der menschlichen Natur sind. In ihrem bestechenden Kommentar zur *Theogonie* Hesiods stellen Marcel Detienne und Jean-Pierre Vernant diese Struktur eindringlich dar: »Es gibt keine kosmische Ordnung ohne Unterscheidung, Hierarchie und Souveränität, doch ohne Streit, Ungerechtigkeit und Gewalt gibt es keine Souveränität.« Den verbrecherischen Handlungen und dem Aufstand der Götter folgte eine Formlosigkeit der Gesellschaft, die dem ursprünglich amorphen Zustand des Universums entspricht. Diese ganze Geschichte endet mit der Herrschaft eines siegreichen Zeus, der einen unveränderlichen Kosmos einführt, der sich in die Bereiche des Himmels, der Erde und der Unterwelt unterteilt. Da das Ende der Unordnung jedoch durch Zwang und nicht durch ein Übereinkommen herbeigeführt wird, klingt die ganze Sache eher nach Friedrich Nietzsche als nach Hobbes. In Nietzsches Vorstellung vom Ursprung des Staates bedurfte es gewaltsamer Eroberungen und eines erbarmungslosen Despotismus, um die ihrem Wesen nach bestialische Bevölkerung zu beherrschen:

> Ich gebrauchte das Wort »Staat«: es versteht sich von selbst, wer damit gemeint ist – irgend ein Rudel blonder Raubthiere,

> eine Eroberer- und Herren-Rasse, welche, kriegerisch organisirt und mit der Kraft, zu organisiren, unbedenklich ihre furchtbaren Tatzen auf eine der Zahl nach vielleicht ungeheuer überlegene, aber noch gestaltlose, noch schweifende Bevölkerung legt.

Genauso verhält es sich auch in der *Theogonie*, wo die Ordnung nach einer zehn Jahre dauernden Schlacht hergestellt worden war, die von einer von Zeus angeführten jüngeren Generation von Göttern gegen dessen Vater Kronos und die unbändigen Titanen geschlagen wurde und bei der die Regentschaft über das Universum auf dem Spiel stand. Zeus vertraut auf seine listige Intelligenz und seine überwältigenden Kräfte; er siegt am Ende und verbannt die Titanen in Ketten in den dunklen Tartarus. Nach einem zweiten Triumph über einen gefährlichen Aufrührer (Typhon) teilt Zeus den Göttern die Ehren und Privilegien zu, verleiht ihnen ihren Status und benennt ihre Aufgaben. Unter der Herrschaft des Zeus war diese göttliche Regierung bis in alle Zeiten stabil, denn von nun an wurden Streitigkeiten zwischen den Unsterblichen durch verbindliche Treueschwüre beigelegt. Wenn im Gegensatz dazu die Sterblichen ihre Eide offenkundig immer wieder brechen, wie es etwa in Kerkyra geschah, dann liegt das daran, dass alle Zwietracht, alles Elend und Böse auf die Erde verbannt wurde. Dies sollte das Geschick der Menschen sein; nur von den Gaben der Gerechtigkeit und durch die schwache Hoffnung ein wenig gemildert – auch dies Geschenke des Zeus an die Menschen, die er ihnen zusammen mit dem »wunderschönen Bösen«, der Pandora, zukommen ließ.

In diesem Zusammenhang ist die direkte Verwandtschaft zwischen den Titanen und dem Menschengeschlecht besonders interessant, weil durch sie die westliche Vorstellung, das Politische könne das asoziale Individuum zügeln, in der antiken Folklore verankert wird. »Der Titan ist die Gestalt, durch die hindurch das menschlich Böse im vormenschlich Bösen wurzelt«, merkt Paul Ricœur an. In den orphischen Mythen entstammen die Menschen tatsächlich der Asche der Titanen, die Zeus, nachdem sie seinen Sohn Dionysos ermordeten, begrub. An ihre undisziplinierten titanischen Anlagen erinnert Platon in einem Abschnitt aus seinen *Gesetzen*. Er warnt dort, dass die Zügellosigkeit in der Musik zu unerwünschten Auswüchsen in der Demokratie führe, dass also »das titanische Spektakel, von dem unsere alten Legenden erzählen, von Neuem inszeniert wird und der

Mensch wieder dem gleichen Schicksale verfällt, ein unseliges Leben nie endender höllischer Plagen zu führen«. (Sollen wir nun Elvis und den Beatles die Schuld für die Lage geben, in der wir uns gerade befinden?)

Wenn die Menschen ihrer Natur nach Titanen sind, dann waren ihre alten Könige ihrer Abstammung gemäß Manifestationen des Zeus. Die Kosmogonie lebt in Form von Dynastien fort. Alte Gründungsmythen des peloponnesischen Staates berichten von einwandernden Helden, die aus der Vereinigung von Zeus mit einer Sterblichen hervorgegangen waren, die nun wiederum die Töchter der autochthonen Herrscher heirateten und sich so des Königtums bemächtigten. Die Geschichte vom Ursprung des Staates ist die irdische Version der Zeugung des Universums aus der kosmischen Vereinigung von Himmel (Uranus) und Erde (Gaia). Der namensgebende Lakedaimon, ein Fremder und Sohn des Zeus, heiratete die namensgebende Sparte, Kind sterblicher Herrscher, und begründet so eine Dynastie, die den Bewohnern der Ebene des Eurotas die Zivilisation brachte und von nun an und für alle Zeiten ihre Identität bestimmte. Auch Agamemnon, der König von Mykene, war ein königlicher Spross des Zeus; ein Umstand, dem er seine Autorität über die anderen Könige der großen Armee verdankte. Doch zu Zeiten Homers war alles, was einer getreuen menschlichen Kopie der universellen Herrschaft des Zeus entsprach, bereits seit vier- oder fünfhundert Jahren – seit der Zerstörung des alten mykenischen Königtums also – aus Griechenland verschwunden. Es stimmt zwar, dass sich in den Epen der Dichter des 8. Jahrhunderts v. Chr. Spuren eines mit Göttlichkeit behafteten Königtums erhalten haben – die Gerechtigkeit einiger guter Herrscher in Hesiods *Werke und Tage* brachte nicht nur den Städten Wohlstand, sondern ließ auch die Natur gedeihen. Nichtsdestotrotz waren die Könige aus der Zeit Hesiods im Vergleich zu ihren alten (aber unvergessenen) mykenischen Vorgängern nicht nur in ihrer Macht beschnitten, auch ihre Autorität wurde immer wieder durch rivalisierende Eliten infrage gestellt und geschmälert. In seinem Buch *Archeology as Cultural History*, der exzellenten Zusammenfassung der Vorgeschichte der klassischen Stadtstaaten, erklärt Ian Morris diesen aristokratischen Wettbewerb damit, dass er nach dem sogenannten Dunklen Zeitalter, das dem Zusammenbruch der mykenischen Kultur gefolgt war, mit der Wiederbelebung des Handels mit dem Orient zeitlich zusammenfiel. In der Tat war ein solch antagonistischer Geist nicht nur zwischen den sich befehdenden Adelsgeschlechtern weit verbreitet, sondern durchzog, Vernant zufolge, auch die ganze Gesellschaft. Letzterer zitiert Hesiod:

> Selber der Schmied misgönnet dem
> Schmied', und der Töpfer dem Töpfer;
> Oft ist dem Armen der Arm' abhold, und
> der Sänger dem Sänger.

Für Vernant folgt daraus, dass Wettbewerb eine Ebenbürtigkeit der Gegner voraussetzt, auch wenn er letztendlich auf eine Hierarchisierung hinausläuft. Man könnte auch sagen, dass die hier auftauchende Antithese (Hierarchie) ihre unterdrückte Negation (Gleichheit) aufhebt. Es scheint, als ob etwas Ähnliches bei der Opposition des Adels gegen die tyrannische Herrschaft zutage trat. Schon vor ihrer Verwirklichung in der attischen Demokratie des 5. Jahrhunderts v. Chr. forderte der Adel bestimmter archaischer Stadtstaaten – der gerade dabei war, sich durch den andauernden Streit um die Vorherrschaft selbst abzuschaffen – die politische Gleichheit: *isonomia. Isonomia* wurde als Forderung einiger Oligarchen laut, die gegen ihre Entrechtung durch Tyrannen protestierten. (Man könnte dies durchaus als eine Art Magna Charta bezeichnen.) Kurt Raatlaub spricht sogar von der *isonomia* als einer »aristokratischen Idee«, einem Konzept, das »aristokratischen Werten« entspringt.

Letztendlich beruht der Gegensatz von Gleichheit und Hierarchie in politischer Hinsicht auf dem Konflikt zwischen Volkssouveränität auf der einen und der Oligarchie oder Monarchie auf der anderen Seite. Dies wird sich als kulturelles Erbe für mehr als zweitausend Jahre durch die Geschichte des Abendlandes ziehen. Deshalb spricht Morris von einer »Ideologie des Mittleren«, die im 8. Jahrhundert v. Chr. entstand und immer wieder mit dem System der aristokratischen Macht in Konflikt geriet, bis sie schließlich im Zuge der Einführung der attischen Demokratie triumphierte. Er schreibt, dass die Sozialgeschichte der archaischen Periode »am besten als ein Konflikt antithetischer Kulturen zu begreifen« sei. Die »Mittleren« waren Parteigänger einer sich selbst organisierenden, egalitären und partizipatorischen Ordnung. In unnachgiebiger Opposition zur heroischen Aristokratie stehen sie für eine Philosophie des maßvollen Lebens. Sie versuchten, körperliche Lüste im Zaum zu halten, scheuten Gier und Überheblichkeit und blieben so mit der Gemeinschaft verbunden. Die Menschen – so beschreibt es Morris – suchten den Mittelweg einer »imaginierten Gemeinschaft« von Maß haltenden, gleichberechtigten männlichen Bürgern, die sich sowohl von der Vergangenheit als auch vom Orient abwandten. Demgegenüber betrachteten sich die Aristokraten, nach dem Vorbild des alten mykenischen Adels, als über und außerhalb der Gesellschaft ihrer Mitbürger stehend und versuchten, auf diese Weise ihre Identität zu bewahren und ihre Autorität durchzusetzen. Ihre Stellung war ihnen von den Göttern verliehen worden, von heldenhaften Vorgängern überantwortet und stammte aus dem Orient – denn von dort hatten sie die ersten wesentlichen Insignien ihrer eigenen Göttlichkeit empfangen.

Die Differenzen zwischen diesen »antithetischen Kulturen« führten in den sich entwickelnden Stadtstaaten zu einer kriegerischen Gegnerschaft, wobei sich die Eliten gegen die Bevölkerung zusammenschlossen und die Konflikte zunehmend zu Auseinandersetzungen zwischen Reich und Arm gerieten. Plutarch berichtet davon, dass Solons Freund Anacharsis diesen auslachte, als er hörte, Solon wolle »der Ungerechtigkeit und dem Geiz seiner Bürger durch geschriebene Gesetze Einhalt [...] thun, welche durch nichts von den Spinnweben unterschieden wären und ebenso wohl, als jene, wenn sich etwas schwaches und leichtes darinnen gefangen hätte, dasselbe festhielten, aber von den Mächtigen und Reichen zerrissen würden«. Zur

Debatte standen die Maßnahmen, die der berühmte attische Gesetzgeber im frühen 6. Jahrhundert v. Chr. vorschlug, um den Armen Schuldenentlastung und Strafminderung zu gewähren, wenn sie diese Schulden gar nicht zurückzahlen konnten. Darüber hinaus sollte diese Bevölkerungsgruppe stärker an der Regierung beteiligt werden, die sich bislang bevorzugt aus Privilegierten zusammensetzte. Solon antwortete seinem Freund auf dessen Spott, dass sich die Menschen an Vereinbarungen hielten, solange keine der beiden Parteien einen Vorteil daraus ziehen könne, gegen diese zu verstoßen. Und außerdem versuche er, die Gesetze für die Bürger so einzurichten, dass diese deutlich erkennen könnten, dass es besser sei, wenn man sich an sie hielte, als wenn man sie übertrete, und gerade das sollte deutlich machen, dass sie insgesamt für alle Beteiligten von Vorteil seien. Zweifellos hoffte Solon, wie auch andere Staatsmänner nach ihm, eine Situation zu schaffen, in der es weitaus vorteilhafter wäre, die Rechte politischer Gegner anzuerkennen, als Aufruhr anzuzetteln und die Stadt ins Chaos zu stürzen. War die Habgier der Bürger im Spiel, wurde – wenn es tatsächlich zu einer Auseinandersetzung kam – von der Verletzlichkeit des Rechts durch den Egoismus, vom Gegensatz zwischen Hierarchie und Gleichheit sowie von dem Versuch gesprochen, die Mächte im Gleichgewicht zu halten. Schon dies macht deutlich, dass die abendländische Metaphysik der Ordnung für die Entstehung der klassischen Polis eine Rolle spielte.

Im 5. Jahrhundert v. Chr. fand die ideologische Entwertung des alten Gegensatzes von Hierarchie und Gleichheit während des Peloponnesischen Krieges ihren Höhepunkt. Können wir auch, Morris zufolge, den Triumph des demokratischen Ideals mit der attischen Verfassung auf das Jahr 507 v. Chr. datieren, so gingen doch die Bürgerkriege zwischen der Elite und den volksnahen Parteien in vielen griechischen Städten mehr als ein ganzes Jahrhundert lang weiter. Die ursprünglich aristokratischen Eliten wurden in dieser Zeit zunehmend als plutokratisch definiert. Platon schreibt in seiner *Politeia*, dass ein Staat keine Einheit bilde, sondern eigentlich aus zwei Staaten bestünde: aus einer *polis* der Reichen und einer *polis* der Armen. Diese wiederum zerfielen in kleinere, untereinander zerstrittene Gruppen. Wie wir bereits gesehen haben, wurde während des Peloponnesischen Krieges der eigentliche Konflikt einer allgemeinen, panhellenischen Konfrontation zwischen einer »Demokratie«, die von den Athenern unterstützt wurde, und einer von den Spartanern geforderten »Oligarchie« verdoppelt –

Neuauflagen der archaischen »antithetischen Kulturen«. Die anfänglich von Herodot in der Mitte des 5. Jahrhunderts v. Chr. benutzten Begriffe »Demokratie« und »Oligarchie« treten in Thukydides' Bericht von der athenischen und spartanischen Intervention beim Bürgerkrieg von Kerkyra erstmals als ideologische Kampfbegriffe auf, für die man zu sterben bereit ist. Doch zu diesem Zeitpunkt hatte der gönnerhafte Slogan des athenischen Imperialismus, *isonomia*, die Kosmologien schon im selben Maß erobert wie die politischen Theorien; und ein solches Konzept setzte sich auch durch, wenn man von den Körpern und deren Ordnungen sprach, sowie bei der Ontologie und den grundlegenden Vorstellungen von der Beschaffenheit der Dinge.

Isonomia war nach Herodot der »schönste Name von allen«. Im Prinzip bestand *isonomia*, die ihr Modell in Athen fand, in der gleichberechtigten Teilnahme der (männlichen) Bürger an der Regierung, die als souveräne Körperschaft in der Volksversammlung zusammentrat. Da Frauen, Sklaven und Fremde, die in der Stadt lebten, von diesen Privilegien ausgeschlossen waren, wurde die Demokratie in Wahrheit durch außerverfassungsmäßige Formen der Hierarchie getragen, wovon manche ziemlich autoritär waren. (Auch wenn man von der Geschichte der Sklaverei absieht, treffen diese Widersprüche übrigens gerade so auf die heutigen Amerikaner zu, die gerne glauben, »in einer Demokratie zu leben«, obwohl sie den größten Teil ihres Lebens in undemokratischen Einrichtungen wie Familien, Schulen und an kapitalistisch zugerichteten Arbeitsplätzen verbringen – ganz zu schweigen von der Armee oder den bürokratischen Regierungsorganisationen. Augen auf, Leute: Die Demokratie ist nackt!) Für die Bürger von Athen bedeutete *isonomia* Gleichheit vor dem Gesetz, gleiches Stimmrecht bei der Wahl zur Volksversammlung sowie gleiche Chance, am Rat der Fünfhundert (Bule) teilzuhaben, der für die Volksversammlung die Agenda festlegte und wichtige diplomatische und juristische Ämter beschickte. Der Rat konstituierte sich, gemäß der Verfassung des Kleisthenes aus dem Jahr 507 v. Chr., aus den zehn Stämmen, die von je fünfzig, durch Losentscheid für den Zeitraum eines Jahres ermittelten Männern repräsentiert wurden. Jeder Stamm wirkte nach Rotationsprinzip für einen Zeitraum von 36 oder 37 Tagen als vorsitzender und dauernder Ausschuss der gesamten Versammlung. Dieses Rotationsprinzip ist bemerkenswert, stellt es doch ein Vehikel dar, um die Hierarchie mit der *isonomia* zu vermitteln. (Ähnliches werden wir später in der hippokratischen Medizin finden.)

Durch diese Rotation wird das aristotelische Ideal einer Regierung erfüllt, in der die Bürger abwechselnd regieren und regiert werden.

Vergleicht man das mit den mykenischen und minoischen Königreichen von einst, so erweist sich der grundlegende Wandel im Wesen der Herrschaft von der Monarchie hin zur Demokratie als vielschichtig und radikal. Wir greifen hier auf die Unterschiede zurück, die Vernant beschreibt: Die alten Königreiche, die von einem Palast aus von oben herab, privat, mit Zwang und auf mythische Weise legitimiert regiert wurden, wandelten sich schließlich zur Polis, in der die Regierungsmacht kollektiv, gleichberechtigt und öffentlich den Bürgern übertragen war. Sie versammelten sich öffentlich im Zentrum der Stadt (auf der Agora) und bestimmten in vernünftigen Diskussionen die politische Linie, die ihren Eigeninteressen ebenso wie dem Staat zugutekam – wenigstens dem Prinzip nach war es so. Vernant schreibt:

> Die Menschen sehen sich als Gruppe selbst nun so: neben den Häusern der Einzelnen gibt es ein Zentrum, in dem die öffentlichen Angelegenheiten diskutiert werden und das all das vertritt, was ›allgemein‹ ist, das Kollektiv als solches. Die menschliche Gesellschaft bildet nicht mehr

> wie innerhalb des mythischen Raumes eine vielschichtige Welt mit dem König an der Spitze und unter ihm eine ganze Hierarchie, in der der Staat in Begriffen von Herrschaft und Unterordnung definiert wird. Vielmehr ist der Stadtstaat ein Universum gleicher und Beziehungen, in dem alle Bürger durch ihre Gleichheit gegenüber einander bestimmt sind.

Doch trotz aller Wechselseitigkeit, Gleichheit und Kollektivität bleibt die demokratische Polis anfällig für die zerstörerischen Folgen des Egoismus seiner Bürger. Dessen waren sich die Athener nur allzu bewusst. Als der Sophist Glaukon in der *Politeia* vom »Eigennutz« spricht, den »jede Kreatur von Natur aus als etwas Gutes mitbringt, und [der] erst vom Gesetz gewaltsam umgelenkt wird, um der Gleichheit Ehre zu erweisen«, zielt er auf die Opposition zwischen Gesetz (Kultur) und Eigeninteresse (Natur) ab, die schon für Thukydides' Beschreibung des Bürgerkriegs in Kerkyra maßgeblich war. Ein solcher Gegensatz von Eigennutz und Gemeinwohl war nach Ansicht von P. A. Brunt »der Ursprung des inneren Konflikts, der in den griechischen Städten so weit verbreitet war und daher auch die Entwicklung der griechischen politischen Theorie beeinflusste«. Ein weiteres

Beispiel dafür ist die Aufforderung zur Bürgertugend in der »Grabrede des Perikles«: Die Bürger sollten wissen, dass ihrem persönlichen Nutzen dann am besten gedient sei, wenn sie die Interessen der Stadt verteidigten – daran sollte man sich erinnern, wenn man eines Mannes gedachte, der in der Schlacht gefallen war. Diese weise Maxime des Perikles wurde von allen republikanisch gesinnten Staatsmännern aufgenommen, was nahelegt, dass man häufiger an sie zu erinnern hatte. Auch schon lange zuvor, im 6. Jahrhundert v. Chr., noch ehe Platon und Perikles sich mit dem Problem der Politik beschäftigten, hatte Anaximander die Beherrschung der Eigeninteressen durch das Zusammenwirken von gleichen, einander entgegengesetzten Kräften zum Prinzip der guten Ordnung im Universum erklärt.

Statt eines Kosmos, der von oben herab von einem allmächtigen Gott geordnet wird, war Anaximanders Universum ein sich selbst regulierendes, natürliches Gebilde, das im Inneren von sich wechselseitig ausgleichenden, gebenden und empfangenden Kräften kontrolliert wurde. Es muss allerdings darauf hingewiesen werden, dass uns nur Fragmente seines Werks erhalten geblieben und deren dunkle Stellen auf vielerlei Weise gedeutet worden sind. Das gilt auch für die nicht allzu ferne Vergangenheit, in der Nietzsche einige nicht sonderlich erhellende Kommentare dazu abgegeben und Martin Heidegger ein paar Lichtblicke zum »Anwesen« beigesteuert hat. Dennoch ist der Unterschied zu einem Kosmos, der von Zeus organisiert und von ihm beherrscht worden war, deutlich, und dies wurde auch von vielen so erkannt; besonders herausgestellt hat dies etwa Charles H. Kahn in seiner Studie zum Werk des Anaximander im Kontext der vorsokratischen Philosophien. »Anaximander,« so Kahn, »bestreitet die Existenz eines wie auch immer gearteten Elements oder Teilstücks der Welt, das die anderen beherrscht; Gleichheit und Gleichgewicht sind es, die seiner Ansicht nach die Welt bestimmen.«

Anaximander schloss demnach schon für den kosmologischen Anfang die Möglichkeit aus, dass ein einzelnes Element die anderen hervorbringen oder beherrschen könne. Das Universum entstehe nicht aus Wasser oder aus irgendeiner anderen elementaren Substanz, sondern aus etwas »Unbegrenztem« (*apeiron*), aus dem heraus Himmel und Erde entstehen. Der gängigen Interpretation zufolge haben sich die Elemente des Universums als Gegensatzpaare wie ›kalt‹ und ›warm‹, ›feucht‹ und ›trocken‹ aus dem Unbegrenzten herausdifferenziert. Diese Gegensätze liegen zwar gewissermaßen miteinander im Streit; da sie aber ebenbürtig sind, gelingt es keiner Kraft, die andere zu bezwingen. Stattdessen leisten die Elemente aneinander Wiedergutmachung für ihr eigenes, ungerechtfertigtes und gewaltsames Auftreten, und dieser Prozess ist es, der die Dinge hervorbringt – auch wenn sie im Laufe der Zeit wieder in ihre elementaren Bestandteile zerfallen. In einem einflussreichen Artikel mit dem Titel *Isonomia* hat Gregory Vlastos festgestellt, dass Anaximanders Lösung des Problems von der kosmischen Gerechtigkeit einer staatsbürgerlich-politischen Gerechtigkeit nachgebildet war und sich auf diese Weise maßgeblich von der aristokratischen oder monarchischen Gerechtigkeit unterscheidet, wie sie sich bei Hesiod findet. Im Gegensatz zu dieser lässt sich über Anaximanders universelle Ordnung sagen, dass sie »grundsätzlich in der *isonomia* gründet, da sie voraussetzt, dass innerhalb einer Gemeinschaft der einzig verlässliche Schutz der Gerechtigkeit nur durch die gleichmäßige Verteilung der Macht unter den ihr angehörenden Gliedern gewährleistet wird.«

Eine ähnliche Auffassung einer Ordnung, die aus dem Widerstreit gleichwertiger Elemente entsteht, zeigt sich auch in Anaximanders umfangreicher Kosmologie, in der die Erde in der Mitte des Universums schwebt und dabei in Äquidistanz zu den anderen Himmelskörpern am sphärischen Himmel bleibt. Auch hier wird die ewige Stabilität ohne Zutun von außen erreicht. Das Gleichgewicht scheint nicht allein eine Folge der gleichmäßig verteilten Abstände zu sein, sondern verdankt sich auch den einander widerstreitenden Kräften, weil das Universum an seinem irdischen Zentrum kalt und feucht, an seiner himmlischen Peripherie hingegen heiß und trocken ist. Wie Historiker und Altphilologen wiederholt angemerkt haben, erinnert diese kosmische Politik mit einer zentral fixierten Erde darüber hinaus an die räumliche Ordnung der demokratischen Polis mit ihren vielen Häusern, die sich um die zentrale Agora herum gruppieren, wo die verschiedenen Interessen aufeinandertreffen und sich wechselseitig abstimmen.

Im Mikrokosmos verhält es sich wie im Makrokosmos: Auch in den gesunden Körpern der Bewohner dieser Haushalte regiert die *isonomia*. Nach dem maßgeblichen Traktat des Arztes Alkmaion von Kroton aus dem späten 6. Jahrhundert resultiert die Gesundheit aus nichts anderem als der *isonomia* oder den miteinander im Wettbewerb stehenden »gleichberechtigten Kräften«, die den Körper ausmachen. (Texte des Alkmaion zählen ›heiß‹ und ›kalt‹, ›bitter‹ und ›süß‹, ›feucht‹ und ›trocken‹ zu den körperlichen Kräften, doch wahrscheinlich gibt es noch mehr.) Gleichzeitig galt in Alkmaions Traktat die »Monarchie« oder die Vorherrschaft einer einzelnen dieser Kräfte als Grund für Erkrankung und Verfall. Zu den zahlreichen Belegen für eine solche *isonomische* Körperlehre in der Antike zählt auch die Abhandlung über die Krankheit in Platons *Timaios*. Sie wird durch einen »der Natur zuwiderlaufenden« Überschuss oder Mangel sowie durch das Vertauschen der jeweils zugehörigen Plätze der vier Elemente, aus denen der Körper zusammengesetzt ist – also Erde, Feuer, Wasser und Luft –, hervorgerufen. Kahn merkt dazu an, dass es eine Fülle von Texten gäbe, die man als Beleg für ein solches Naturverständnis »als einem dynamischen Wechselspiel von widerstreitenden Kräften« auffassen darf. Er weist besonders auf die hippokratischen Nachfolger des Alkmaion als Beispiele für einen solchen »Naturalismus des 5. Jahrhunderts« hin.

Die Humoralmedizin der hippokratischen Heilkundigen hat das Prinzip vom Ausgleich erweitert und komplexer gemacht, indem Faktoren wie Umwelteinflüsse, Zeit, Veranlagung und noch viele andere mehr einbezogen wurden und die Ärzte die Ausgewogenheit zum Grundlagenprinzip der Theorie und Praxis ihrer Behandlungsmethoden erhoben. In dem frühen Traktat *Über die Natur des Menschen* aus dem

Corpus Hippocraticum werden die Säfte (zum Beispiel der Schleim) durch ein gemeinsames Primärelement (Kälte) mit den Jahreszeiten in Zusammenhang gebracht. Die Gesundheit beruht demzufolge auf einem System des turnusmäßigen Ausgleichs unter den vier Säften – Schleim, Blut, gelbe und schwarze Galle – entsprechend der herrschenden Jahreszeit. Die Behandlung der Ärzte bestand darin, das genaue Gegenteil des Elements zu verschreiben, das im Überfluss vorhanden war. So wurden Nahrungsmittel, denen man die Eigenschaft ›kalt‹ zuschrieb, denen verordnet, die Fieber hatten; oder man verabreichte warme Bäder gegen trockenen Husten. Eine entscheidende Folge dieses Prinzips der Allopathie – einer medizinischen Methode, die, nebenbei bemerkt, bis heute therapeutisch angewandt wird – ist, dass die Medizin sich hier mit der Politik als einem Bereich verbindet, in dem die *isonomia* als Praxis betrieben wird, also wünschenswerte Handlungsgrundlage ist. Dieser Umstand macht auch verständlicher, warum die Humoralmedizin der hippokratischen Ärzte, wie sie von Galen im 2. Jahrhundert v. Chr. weiter ausgearbeitet worden war, im 18. Jahrhundert von dem berühmten Propheten vom Ausgleich der Mächte, John Adams, wieder aufgenommen und auf die Politik übertragen werden konnte.

Er schreibt: »Einige Ärzte waren davon ausgegangen, dass der Körper unsterblich sei, könnte man seine Säfte in exaktem Gleichgewicht halten; und ebenso vermöchte dies vielleicht ein politischer Körper, wenn das Gleichgewicht der Kräfte immer im Ausgleich sich befände.« Ein solches Denken hat sich folglich über die Jahrhunderte gehalten.

Eine weitere Theorie stammt von Empedokles: seine bekannte Lehre von den vier »Wurzeln« Feuer, Luft, Wasser und Erde, den Elementen, aus denen alles bestehe. Die Philosophen und Ärzte des 6. Jahrhunderts v. Chr. hatten bereits Theorien über den Aufbau der Dinge aus deren opponierenden Urzuständen entwickelt. Empedokles (495–435 v. Chr.) wollte die Elemente auf vier reduzieren, die er interessanterweise zunächst in einer hierarchischen Auflistung als Götter charakterisiert. Diese von Natur aus gleichwertigen Stoffe werden von den gleich starken, aber entgegengesetzten Kräften der Liebe und des Streits vermischt oder getrennt. Daraus entstehen die Bäume und die Menschen, Vögel, Tiere und selbst noch die unsterblichen Götter. Hierin bestand die allgemeine Metaphysik des Seins: eine Ontologie, die wie das anaximandersche Universum, wie der hippokratische Körper oder die attische Demokratie auf Geben und Nehmen gleichwertiger Qualitäten oder Kräfte basiert. Oder, wie man mit Heraklit sagen könnte: »Das Widereinanderstehende zusammenstimmend und aus dem Unstimmigen die schönste Harmonie.«

Die *isonomia* war im Athen des 5. Jahrhunderts v. Chr. das maßgebliche Ordnungsprinzip, doch schloss dies weder damals noch später Vorstellungen von Hierarchie aus – ganz besonders nicht unter den großen Philosophen. (Es scheint eher so, dass der Dualismus der griechischen Antike der Beobachtung von Claude Lévi-Strauss widerspricht, dass binäre Gegensätze typischerweise gereiht sind und sich eher instabil verhalten. Andererseits mag das Ideal von der absoluten Gleichheit der einander entgegengesetzten Elemente in der Praxis ein Problem sein, und das gilt nicht nur im antiken Griechenland.) Platons *Politikos* und sein *Timaios* bieten Theorien einer Weltordnung an, die strukturell der des Herrschers Zeus gleicht, der die unbändigen Titanen besiegt. Alle Dinge, die sich zur Gänze oder in Teilen aus Materie zusammensetzen, also alle sichtbaren Dinge, haben die natürliche Tendenz, in »regelloser und ungeordneter Bewegung« zu sein, ihr ursprünglicher Zustand ist also anarchisch. Das gilt so lange, bis Gott die Sache selbst in die Hand nimmt. Im *Timaios* heißt es:

> Und ferner haben wir anzunehmen, was die Verhältnisse ihrer Mengen, Bewegungen und sonstigen Kraftäußerungen (zu einander) anlangt, daß Gott, indem die Notwendigkeit freiwillig und durch seine Überredung bewogen ihm darin nachgab, diese Körperchen in allen Stücken mit der größten Genauigkeit zu ihrer ganzen Vollständigkeit ausbildete und so diese ihre Verhältnisse ganz in Proportion mit einander setzte.

Diese Annahme findet sich in der berühmten Kosmologie des Aristoteles wieder, wenn auch abstrakter, weil die alten mythischen Figuren fehlen; er huldigt ihnen jedoch auf ähnliche Weise, wenn er als Ursprung der göttlichen Weltordnung einen »unbewegten Beweger« angibt. Dieser unbewegte Beweger löst die ewige Bewegung der obersten himmlischen Sphären aus, was wiederum der Götterwelt der niedriger stehenden Beweger der tieferen Sphären Anstoß gibt, bis hinab zu demjenigen, der die veränderlichen sublunaren Dinge bewegt.

Auf dieselbe Weise, aber in menschlich-politischer Hinsicht, hielt dies Platon, der in einem Athen lebte, das sich schon lange der *isonomia* verschrieben hatte, keineswegs davon ab, sich eine Republik vorzustellen, die von einer Elite der Gebildeten und Wohlhabenden geführt werden sollte. Deren Weisheit, Tugend und Selbstbeherrschung würde es den regierenden Wächtern erlauben, die primitiven Begehrlichkeiten der Vielen zu unterdrücken. Durch die Tugend ihrer Selbstbeherrschung würde es ihnen gelingen, die bunt gewürfelte Mischung aus Lüsten, Leidenschaften und Schmerzen zu bezwingen, die Platon den Frauen, Kindern, Sklaven und »den sogenannten Freien bei der großen Menge und den unteren Ständen« zuschreibt. Denn in der dreigeteilten Seele der Gebildeten ist der vernünftige Teil, der vom spirituellen Teil angeleitet wird, in der Lage, den wollüstigen Bereich der Seele zu beherrschen. Die Wollust hat den größten Anteil an unseren Seelen und ist »ganz unersättlich an Besitztümern«. Geist und Vernunft haben über Gelüste und Begierden zu wachen. Oder noch nachdrücklicher bezüglich der Fleischeslust:

> So werden sie die Aufsicht führen über das Begehrende [...]. Dies werden sie hüten, daß es nicht, wenn es infolge der Erfüllung mit den sogenannten sinnlichen Genüssen stark und mächtig geworden ist, seinerseits nicht das Seinige tue, sondern zu knechten und zu beherrschen versuche ein Geschlecht, bei dem ihm das nicht zu-

kommt, und das gesamte Leben aller zerrütte.

Man kann hier deutlich erkennen, wie eine Politik des Ausgleichs zugrunde gelegt wird, um die Gesundheit der hierarchischen Seele zu gewährleisten. Wichtig ist in diesem Zusammenhang auch, dass die lüsterne Seele *ihren* Platz zwischen Pandora und Eva einnimmt, gemäß der alten matrilinearen Genealogie der Schuld an der verderblichen Begierde der Menschheit. Außerdem gilt es noch festzuhalten, wie dieser Gegensatz zwischen einer ausgebildeten, vernünftigen Seele und einer von Natur aus unersättlichen, lüsternen Seele im Kleinen abermals die gleiche Antithese von Moral und natürlichem Eigeninteresse wiedereinführt, die wir schon bei Thukydides und anderen gesehen haben. Das erklärt, warum Platons Wissenschaft von der Seele, trotz seiner Verachtung für die Sophisten seiner Zeit, in dieser Hinsicht deren üblicher Unterscheidung von Natur und Kultur folgt – ebenso wie die des Aristoteles.

Sowohl in der vorherrschenden Form egalitärer Metaphysik als auch im nachgeordneten System der Hierarchie beherrscht dieselbe Vorstellung von einer Auflösung des zugrunde liegenden Widerstreits der Elemente die gesamte griechische Kultur. Wenn es darum geht zu entscheiden, welcher der maßgeblichen kulturellen Bereiche die entscheidende treibende Kraft sei, dann stimmen jedoch Altertumswissenschaftler, die nach vagen Durkheim'schen oder marxistischen aus einer sozialen Praxis entstanden Prinzipien arbeiten, darin überein, dass diese grundlegende Rolle die Politik spielt. Das Kosmologische, das Physiologische und andere Ordnungen sind nur Spiegelungen des Politischen. Insbesondere wird behauptet, dass sich mit dem Entstehen der demokratischen Stadt die *isonomia* über die *monarchia* genauso hinsichtlich der Vorstellungen von der Natur durchgesetzt hatte, wie sie letztendlich auch in der gesellschaftlichen Praxis triumphieren konnte. Die Natur wurde dem demokratischen Modell der Stadt nachgebildet, und auch der Kosmos, wie er etwa von Anaximander dargestellt wird, scheint die irdische Polis widerzuspiegeln. Neben anderen Schwierigkeiten berücksichtigt diese Vereinfachung in keiner Weise die komplexen Zeitlichkeiten und Dialektiken, die in der Geschichte eine Rolle spielen.

Wie wir gesehen haben, ist es mehr als wahrscheinlich, dass die *isonomia* anfänglich ein aristokratischer Wert war. In jedem Fall war sie als Idee ebenso Voraussetzung der demokratischen *polis* des 6. Jahrhunderts v. Chr., wie sie dieser auch selbst entstammte. (Hier gilt Marx' Prinzip, dass der schlechteste Baumeister immer noch besser sei als die beste der Bienen, da Ersterer in der Lage ist, ein Gebäude zunächst in seiner Vorstellung zu errichten und erst dann in der Wirklichkeit.) Es besteht aber auch keine einfache Übereinstimmung zwischen der *isonomia* in der Stadt und den ausgewogenen Gegensätzen in der Natur. Alkmaions System vom Körper mag ein auf »gleichen Rechten« basierendes, demokratisches gewesen sein, doch das galt mitnichten für die Stadt, aus der er stammte: Kroton war eine Oligarchie, die für ihre Ungerechtigkeiten berüchtigt war. Ohne Frage war *isonomia* keine »Superstruktur« für eine »Infrastruktur« der Praxis. Wie gewisse berühmte Schildkröten war auch sie allerdings in allen Strukturebenen zugegen, bis hinein in die grundlegende Natur der Dinge selbst: Sie war in die kulturelle Basis eingewoben.

Der ausschlaggebende Punkt dabei ist, worauf auch Kahn aufmerksam macht, dass für die alten Griechen die Grenzen zwischen Gesellschaft und Natur nicht so klar umrissen oder analytisch durchdrungen waren, wie sie es in der modernen wissenschaftlichen Vorstellung sind. Alkmaion beschreibt einen unausgewogenen und kranken Zustand eines Körpers mit der Begrifflichkeit der Politik; Thukydides beschreibt die disharmonische Beschaffenheit der Stadt mit der Begrifflichkeit der Krankheit. Sir Ernest Barker liefert ein pythagoreisches Beispiel für die natürliche Grundlage des Politischen, indem er davon ausgeht, die Gerechtigkeit sei eine Quadratzahl. Eine Quadratzahl ist vollkommene Harmonie, da sie aus gleichen Teilen besteht und die Anzahl der Teile gleich dem numerischen Wert der Zahl ist. Seine Schlussfolgerung lautet: »Daraus folgt, dass Gerechtigkeit auf dem Konzept eines Staates beruht, der sich aus gleichen Teilen zusammensetzt.« In Euripides' *Die Phönikerinnen* taucht ein ähnliches Argument auf, wenn Iokaste ihren Sohn Eteokles mahnt, er solle die Herrschaft über den Staat mit seinem Bruder Polyneikes teilen:

Hat nicht die Gleichheit Maße und Gewicht
Dem Menschen eingesetzt und fest bestimmt?
Hat nicht das dunkle Aug der Nacht, das Licht
Des Tags den gleichen Teil am Jahreslauf?
Und keins ist Sieger, keines kennt den Neid.
Sieh Tag und Nacht den Menschen untertan,

Und du willst nicht des Erbes gleichen
Teil
Dem Bruder lassen? Was ist dann
gerecht?

Charles Kahn hat darauf hingewiesen, dass eine solche wechselseitige Austauschbarkeit von Gesellschaft und Natur für die griechische Antike typisch sei. Was bestimmte Philosophen des 5. Jahrhunderts v. Chr. versuchten, war seiner Meinung nach deren Trennung. Genauer gesagt wurden Gesellschaft und Natur als Gegensätze definiert, »ein Ergebnis bestimmter Kontroversen im 5. Jahrhundert über die *physis* (Natur) und den *nómos* (Übereinkunft)«. Dort wurzelt der Dualismus, der die natürliche Grundlage für unser metaphysisches Dreieck darstellt: die vorgesellschaftliche, antisoziale Natur, die die kulturellen Systeme der Gleichheit und Hierarchie zu kontrollieren versuchen.

Selbstverständlich waren die Sophisten die üblichen Verdächtigen. Wenn Giorgio Agamben davon spricht, wie »hartnäckig« sich der *nómos-physis*-Dualismus in der politischen Kultur des Abendlandes hält, fügt er ergänzend hinzu:

> Die sophistische Polemik gegen den *nómos* und zugunsten der Natur (die sich im

> Verlauf des vierten Jahrhunderts immer mehr erhitzt) kann man als notwendige Prämisse für die Opposition von Naturzustand und *commonwealth* betrachten, die Hobbes seiner Konzeption der Souveränität zugrunde legt.

Selbstverständlich sollte unter diesen Vorgängern auch Thukydides genannt werden, der Inspirationsquelle für Hobbes und zudem ein Anhänger der Sophisten war, insbesondere von Gorgias und Antiphon. Und nicht vergessen sollte man auch deren Vorgänger, denn die Sophisten waren keineswegs die Ersten, die verhängnisvolle Rückschlüsse aus den Konflikten der menschlichen Natur und der Stadt zogen, selbst wenn ihre Vorgänger noch nicht über die Kategorien *physis* und *nómos* oder andere Begriffe verfügten, die im 5. Jahrhundert v. Chr. eingeführt wurden. Das brutale und habgierige Wesen des Menschen war zumindest seit Hesiod der Feind der guten Ordnung. Außerdem gab es ja noch die Dichter: »Die Natur hat es gewollt, sie kümmert sich um kein Gesetz«, kann man beispielsweise in einem Fragment des Euripides lesen. Umgekehrt kümmert sich das Gesetz der Stadt in Sophokles' *Antigone* nicht um die Gefühle der Familie. Hier haben wir es nicht nur mit der Frage der Verwandtschaft zu tun, auf die wir später wieder zurückkommen werden, sondern auch mit dem grundsätzlichen Gegensatz von guter Natur und böser Kultur, der damit einhergeht. Von allen möglichen Wandlungen des Dualismus *nómos – physis*, welche der beiden Seiten als die gute bevorzugt wurde und daher der jeweils anderen aufgezwungen werden sollte, wird die rousseauistische Vorstellung von der reinen Natur und der korrupten Kultur im Laufe der abendländischen Geschichte nur von ihrem hobbesianischen Gegenteil auf den zweiten Platz verwiesen, oder besser gesagt: Sie wurde von dieser gegenteiligen Vorstellung immer implizit mitgeführt, ebenso wie der paradiesische Zustand der Menschheit durch den berühmten Sturz ins Böse evoziert wird. Doch wie Agamben zeigt, beharrte unsere Anthropologie seit dem 5. Jahrhundert v. Chr. hartnäckig auf der düsteren Auffassung der Sophisten und kam immer wieder auf sie zurück. Wir haben es mit einem Tier zu tun, das ausschließlich auf seinen eigenen Vorteil bedacht ist und von einem brutalen Konkurrenzkampf mit seinen Artgenossen getrieben wird – einem Tier, mit dem die Kultur (meist erfolglos) fertigzuwerden versucht.

Welche Chance hat die Kultur schon, die immer auf lokal beschränkten und veränderlichen Glaubenssätzen und Umgangsformen beruht, gegenüber den Verhaltensdispositionen, die fest in der Spezies und als zwingende Notwendigkeit in jedem einzelnen Individuum verankert sind? Bei Aristoteles heißt es: »Bei den Erscheinungsformen des Edlen und Gerechten, die den Gegenstand der Staatswissenschaft bilden, gibt es so viele Unterschiede und Schwankungen, daß die Ansicht aufkommen konnte, sie beruhten nur auf Konvention [*nómos*], nicht aber auf natürlicher Notwendigkeit [*physis*].« Nun war Aristoteles zwar kein Sophist, aber er war ein großer Anhänger des Natürlichen und dessen Authentizität oder sogar Gesetzmäßigkeit. Infolgedessen war er der von vielen geteilten Auffassung, dass die kulturellen Unterschiede lediglich ein Beweis für den gesellschaftlichen Wandel seien, der der Selbstbestimmung der natürlichen Dinge gegenüberstehe. Die naturgegebenen Eigenschaften können nicht durch menschliche Absicht oder menschliches Lernen nachträglich verändert werden. Mag man einen Stein auch tausendmal in die Luft werfen – er wird doch nicht schwebend dort oben bleiben, sondern immer seiner Natur gehorchen und wieder zu Boden fallen. Arthur O. Lovejoy und George Boas haben festgestellt, dass zur Zeit des Aristoteles mit *physis*, »im Vokabular der Kosmologie und Metaphysik, die objektiven Qualitäten und eigenständigen Realitäten der Außenwelt« beschrieben wurden und »demzufolge das abstrakte Konzept der Objektivität zum Ausdruck kam«. Tatsächlich wurde dieses Konzept bereits zweitausend Jahre vor der Idee von den unveränderlichen »Naturgesetzen« in der Antike geprägt – ganz besonders im Zusammenhang mit den Begehrlichkeiten der mächtigen Personen oder Parteien, die versuchten, die Schwächeren zu beherrschen oder Nutzen aus ihnen zu ziehen. Dazu gehört die Rede von dem »der Natur eigenen Gesetz« des Kallikles im *Gorgias*; auch Thukydides lässt die Athener etwas ganz Ähnliches vorbringen, wenn sie die glücklosen Melier belagern. Bevor wir uns näher mit diesen Textstellen beschäftigen werden, muss hier festgehalten werden, dass die *physis* als solche subjektlos ist – außer vielleicht, als Gott die Erde erschaffen hat. Demzufolge bezieht sie sich auf Aspekte des menschlichen Verhaltens, auf die angeborenen Triebe und Zwänge des Menschen, für die dieser nicht verantwortlich ist. Bis heute zeichnet das Fehlen des Subjekts die abendländische Vorstellung von »Natur« aus. Sie steht damit derjenigen vieler anderer Völker entgegen, die in Welten leben, die vollständig von Subjektivität durchdrungen sind und deren Kosmen von der Sonne, dem Mond, den Sternen, den Tieren, von Bergen, Donner, essbaren Pflanzen und anderen nichtmenschlichen beseelten Wesen bewohnt werden.

Im antiken Griechenland galt der *nómos*, die Grundlage menschlichen Handelns, als rein subjektiv und wurde nur subjektiv angewendet. Daher rührte seine Kontingenz und Unausgewogenheit – und aus diesem Grund war er auch der Natur im Bezug auf die Wirklichkeit unterlegen. So vergleicht der Athener in Platons *Nomoi* mit einem sophistischen Argument die spätere Schöpfung des Menschen – die Kunst – mit der Natur.

> Erst aus diesen Schöpfungen sei vielmehr späterhin die Kunst entstanden und sei daher auch von niedrigerem Range, nur von Sterblichen erzeugt und daher selber sterblich, und sie habe eben darum auch nur Spielereien hervorgebracht, die wenig Wirklichkeit hätten, sondern nur Schattenbilder von gleicher Art wie sie selber seien, wie denn dies ja von den Werken der Malerei, der musischen Kunst und aller Schwesterkünste von diesen gelte [...]. Und so sei denn auch die Staatsverwaltung nur zum geringsten Teile Sache der Natur und weit mehr der Kunst, und namentlich die Gesetzgebung beruhe ganz und gar auf der letzteren und gar nicht auf der ersteren, und darum eben fehle es ihren Satzungen auch an Wahrheit.

Ob Kunst, Gesetze, Politik oder Bräuche – alle diese menschengemachten *nomoi* haben die Eigenschaften (Lockescher) sekundärer Sinnesqualitäten wie ›heiß‹ und ›kalt‹, ›bitter‹ oder ›süß‹. Was sich aber für die Karriere des Konzepts der Kultur im abendländischen Denken als fatal herausgestellt hat, ist die Vorstellung, sie sei, verglichen mit der Authentizität und Wirklichkeit der Natur, etwas Unechtes. Die Kultur besaß, da vom Menschen gemacht und künstlich, nicht die Echtheit der Natur. Lovejoy und Boas merken dazu an:

> Ganz offensichtlich handelte es sich um ein ethisch signifikantes Phänomen in der Geschichte der Sprachwissenschaft, als das Wort [*nómos*], welches üblicherweise entweder »dem Gesetz nach« oder »in Übereinstimmung mit den üblichen Sitten« bedeutete, nicht nur dem Sinn nach als »Subjektivität« verstanden wurde, sondern auch noch im adverbialen Gebrauch die unglückliche Konnotation des »Fälschlichen« erhielt.

Dass die Natur »wahr« und die Kultur »falsch« sei, bedingt, dass die sich ergänzenden und langfristig wirkungsvollen Vorstellungen vom Menschen, die ich vereinfacht rousseauistisch und hobbesianisch genannt habe, die Natur der Kultur vorziehen, während gleichzeitig antithetische Positionen zur Natur selbst eingenommen werden. Die Anschauung, nach der die Natur rein und gut sei, im Allgemeinen aber von der Kultur versklavt würde, hat sich in den nostalgischen Bildern vom Goldenen Zeitalter des Kronos, vom Garten Eden oder vom »Edlen Wilden« erhalten – noch in der Frühen Neuzeit munkelte man über Letzteren, er würde in Amerika oder auf Tahiti leben. Ebenso bedienten die hippokratische und die galensche Medizin diese Vorstellung, indem sie davon ausgingen, dass die Gesundheit der Naturzustand des Körpers sei und jede Behandlung darin zu bestehen habe, die unnatürliche Unausgewogenheit zu beheben und damit der Natur wieder auf die Sprünge zu helfen. Auch die Rede vom Naturrecht beruft sich auf die Authentizität der menschlichen Natur, ebenso wie einige zuweilen auch utopische Positionen zur Weltverbesserung, wenn es um natürliche Menschenrechte und die universelle Moral geht. In jüngster Zeit sind sogar die »feinen Gaben« der Natur wieder als Handelsware aufgetaucht, und zwar in Form von Bionahrungsmitteln oder in Flaschen abgefülltem Wasser aus den reinen Quellen der »urwüchsigen« Fidschi-Inseln, einer Ware, die durch ihre Plastikverpackung vielleicht tatsächlich für eine gewisse Kultur sorgt – zumindest was die Bakterien betrifft. Die komplementär gelagerte, düstere Sicht auf die menschliche Natur hatte größere strukturelle Folgen. Das lässt sich an den vielen Bezugspunkten zwischen der natürlichen Gier und der kulturellen Ordnung, wie sie von den Sophisten und dem ihnen in dieser Hinsicht nahestehenden Thukydides entwickelt wurden, zeigen. Sie haben seither gewissermaßen das theoretische Programm für das populäre gesellschaftliche Denken des Abendlandes über die Jahrhunderte hinweg bis heute festgelegt.

Im Unterschied zu Protagoras' Überzeugung, dass mit Hilfe der Götter die Menschen einen Sinn für Gerechtigkeit und gegenseitigen Respekt entwickeln würden und deshalb auch ihre asozialen Vorlieben zügeln könnten, sind die meisten dieser Argumente sehr zynisch. Ein extremes Beispiel ist Thrasymachos wüster Ausbruch in der *Politeia*, wenn dieser behauptet, der Stärkere wäre immer im Recht, und meint, »das Gerechte sei nichts anderes als das dem Stärkeren Zuträgliche«. Demnach wäre die Gesellschaft ihrer Struktur gemäß nichts anderes als das Abbild des Eigeninteresses der stärksten Partei, die in der Demokratie aus den Vielen, in der Oligarchie aus den Wenigen oder in der Tyrannei aus nur einem besteht. Dementsprechend äußert sich auch der Redenschreiber Lysias. »Als Erstes solltet ihr überlegen, dass kein Mensch von Natur aus oligarchisch oder demokratisch ist, sondern diejenige Verfassung, die den Einzelmenschen Nutzen bringt, die möchte er auch an der Macht sehen.« Diese Annahme ähnelt dem Prinzip Jeremy Benthams, wonach die Gesellschaft nichts anderes sei als die Einrichtung, die aus dem Streben der Menschen nach ihrem eigenen Vorteil und Glück entstanden sei. Etwas komplexer und hinsichtlich einer Soziobiologie aktueller, nicht zuletzt wegen der vielen Beispiele aus dem Tierreich, ist Kallikles' Rede in *Gorgias*, wonach Staatsverhältnisse in bester Ordnung und mit noblen Ansichten nur Verschleierungen der natürlichen Selbstliebe seien und daher umso fragwürdiger. Diese angeblich guten *nomoí* seien nichts anderes als Waffen in den Händen der Vielen im allgemeinen Kampf um den Vorteil gegen die Minderheit der Stärkeren. Durch den Primat von Gerechtigkeit und Fairness, also durch die Aufgabe privaten Interesses zugunsten kollektivem Rechtsdenken, sichert sich die schwächere Mehrheit einen Vorteil, der ihr natürlicherweise nicht zusteht, insofern als sie den Wenigen ihre Stärke vorwirft und sie daran hindert sie zu nutzen. Auch wenn auf diese Weise das, was der Natur nach richtig sei, durch die

Konvention verfälscht werde, sei die Gesellschaft immer verletzbar durch das weitaus mächtigeren Gesetz der Dominanz, sobald sie einer ausübt, meint Kallikles. Ob wir von Tieren, Staaten oder vom Menschengeschlecht reden – die Natur stellt unmissverständlich klar, dass es nur allzu gerecht sei, wenn der Stärkere dem Schwächeren, der Bessere dem Schlechteren oder der Fähigere dem Unfähigeren überlegen sei:

> Denn nach welchem Recht führte Xerxes Krieg gegen Hellas, oder dessen Vater gegen die Skythen? und tausend anderes der Art könnte man anführen. Also meine ich, tun sie dieses der Natur gemäß, und, beim Zeus, auch dem Gesetz gemäß, nämlich dem der Natur; aber freilich vielleicht nicht nach dem, welches wir selbst willkürlich machen, die wir die Besten und Kräftigsten unter uns gleich von Jugend an, wie man es mit den Löwen macht, durch Besprechung gleichsam und Bezauberung knechtisch einzwängen, indem wir ihnen immer vorsagen, Alle müssen gleich haben, und dies sei eben das Schöne und Gerechte. Wenn aber, denke ich, einer mit einer recht tüchtigen Natur zum Manne wird: so schüttelt er alles ab, reißt sich los, durchbricht und zertritt alle unsere

> Schriften und Gaukeleien und Besprechungen und widernatürlichen Gesetze, und steht auf, offenbar als unser Herr, er der Knecht, und eben darin leuchtet recht deutlich hervor das Recht der Natur.

Führt man sich vor Augen, wie in Thukydides' berühmtem »Melierdialog« die Athener dasselbe Recht des Stärkeren ausrufen, könnte man meinen, bereits hier die moderne westliche Definition von der »menschlichen Natur« als hübsch verpackte Entschuldigung für ethisch fragwürdige kulturelle Handlungsweisen zu erkennen – wie etwa die Unterdrückung der Frau, serielle Monogamie oder die Liebe zum Geld. Indem man alle negativen Aspekte der Natur zuschiebt, werden die moralischen Widersprüche – zum Beispiel zwischen dem Imperialismus und der demokratischen Gleichheit – jenseits der Verantwortung des Einzelnen verortet, vor allem jenseits der Verantwortung all derer, die diese Handlungen tatsächlich zu verantworten haben. Und ganz in diesem Sinne äußern sich die Athener: so, als hätten sie keine andere Wahl gehabt, als die schwächeren Melier zu unterwerfen. Schließlich bringe ihr imperiales Auftreten ja nichts anderes als das universelle und ewige Gesetz der Natur zum Ausdruck:

> Je nun, an der Gunst der Götter soll es, denken wir, auch uns nicht fehlen. Denn nichts, was wir fordern oder tun, widerspricht der Menschen Meinung von der Gottheit und Gesinnung gegeneinander. Wir glauben nämlich, vermutungsweis, daß das Göttliche, ganz gewiß aber, daß alles Menschenwesen allezeit nach dem Zwang seiner Natur, soweit es Macht hat, herrscht. Wir haben dies Gesetz weder gegeben noch ein vorgegebenes zuerst befolgt, als gültig überkamen wir es, und zu ewiger Geltung werden wir es hinterlassen, und wenn wir uns daran halten, so wissen wir, daß auch ihr und jeder, der zur selben Macht wie wir gelangt, ebenso handeln würde.

Thukydides' *Geschichte des Peloponnesischen Krieges* ist deshalb die wirkungsmächtigste Darstellung eines Dualismus von düsterer Natur und fragiler Kultur, weil es ihm gelang, dieses Verhältnis auf unterschiedliche Weisen zu formulieren. Diese Varianz im Ausdruck bringt es aber auch mit sich, dass einige seiner Formulierungen sich widersprechen. Oder anders gesagt: Wenn der Rückzug auf die Position der menschlichen Natur unbequem schien, ignorierte er sie einfach. Bezüglich seiner im »Melierdialog«

geäußerten Ansicht, dass das Gesetz darin bestünde, die Stärkeren an die Herrschaft zu bringen, scheint er zum Beispiel die wichtige Passage im 1. Buch seines Werkes vergessen zu haben, wo er zeigt, wie die Korinther gegen ihre Alliierten aus Sparta protestierten, weil diese anders handelten als die herrschsüchtigen Athener, obwohl auch sie dazu fähig wären. Tatsächlich war es ja so, dass die Spartaner – im Gegensatz zu den Athenern, die sogar dann noch nach Herrschaft gierten, wenn die Lage bereits völlig aussichtslos schien – weniger anstrebten, als sie erreichen konnten. Diese Passage in der Schrift des Thukydides ist eine entscheidende, weil sie die Temperamentsunterschiede zwischen den Spartanern und Athenern zeigt und dadurch dazu beiträgt, deren anders ausgerichtete Vorgehensweise in auswärtiger Politik und militärischer Strategie zu begreifen. Sie lässt darauf schließen, dass die »menschliche Natur« der Spartaner wohl auf vielfältige Weise besonderen Bedingungen unterlag.

Auch der natürliche Wille zur Macht selbst birgt widersprüchliche Aspekte in sich, wenn ihn Thukydides ebenso für den Aufstand in Kerkyra verantwortlich macht wie für den Imperialismus der Athener. War dort das Streben nach Macht »der Feind der Überlegenheit«, galt hier, dass ebendiese Überlegenheit der Grund für den Aufstand war. Und das sind nur zwei Fälle unter vielen, in denen die menschliche Natur einerseits Kultur hervorbringt, diese andererseits aber auch wieder vernichtet. In einer weiteren Permutation von *nómos* und *physis* meint Thukydides die Aufgabe der Kultur darin zu erkennen, eine segensreiche Ummantelung der eigennützigen menschlichen Natur zu sein, die immer auf dem Sprung ist, in zerstörerischer Wut loszubrechen. Der Bürgerkrieg war der erste von vielen ähnlichen Konflikten, die ihre Ursache in der menschlichen »Herrschsucht mit ihrer Habgier und ihrem Ehrgeiz« hatten. Nichtsdestotrotz aber haben die jeweiligen Führer diese Konflikte ausgenutzt.

> Denn die führenden Männer in den Städten, auf beiden Seiten mit einer bestechenden Parole, sie seien Verfechter staatlicher Gleichberechtigung der Menge oder einer gemäßigten Herrschaft der Besten, machten das Gemeingut, dem sie angeblich dienten, zu ihrer Beute, und in ihrem Ringen, mit allen Mitteln einander zu überwältigen, vollbrachten sie ohne Scheu die furchtbarsten Dinge und überboten sich dann noch in der Rache.

Infolgedessen ist die Kultur also entweder gesellschaftliche Form natürlicher Antriebe oder, wenn dem nicht so ist und die Stadt nach den Prinzipien der Gerechtigkeit, Moral, Gleichheit und so weiter organisiert ist, sie stellt bloß die oberflächliche Verschleierung der wahren und stärkeren menschlichen Natur dar. In einer Debatte der attischen Volksversammlung über das Schicksal der aufständischen Stadt Mytilene äußert ein gewisser Diodotos: »So ist es schlechthin unmöglich und zeugt von viel Einfalt, wenn einer meint, wo die menschliche Natur mit aller Gewalt einem Ziele zudrängt, ließe sich das dämmen durch Kraft von Gesetzen oder sonst irgendein Schrecknis.«

Ordnung oder Unordnung, kulturelle Form oder ihre natürliche Antithese, manifest oder mystifiziert – hier ist alles menschliche Natur. Und das wiederum ist nichts anderes als leer laufende Geschichtsschreibung, bei der bloß die eine menschliche Natur gegen die andere handelt.

Derlei findet sich auch nach wie vor bei den imperialistischen Vorstellungen, die sich die USA von der Weltgeschichte machen. Doch nun ist das inhärente Eigeninteresse, das auf diese Weise propagiert wird, als »persönliche Freiheit« neu konzipiert. Dabei bedient sich das amerikanische Projekt einer neoliberalen Demokratie derselben antiken Prämissen von der Oberflächlichkeit der Kultur und deren Verletzlichkeit durch die natürliche Habgier des Menschen – genauso wie sie vom Gesetz des Stärkeren bestimmt wird. Wie heißt es doch in *Full Metal Jacket*, Stanley Kubricks Film über den Vietnamkrieg? »In jedem Schlitzauge steckt ein Amerikaner, der raus will.« Die Anmaßung besteht darin, dass das angeborene Eigeninteresse – das heißt der »Wunsch nach Freiheit«, der doch die ganze Menschheit leitet –, die anderen Völker genauso glücklich und gerecht machen wird wie wir es sind, wenn wir sie nur von ihren kulturellen Idiosynkrasien befreien (notfalls mit Mitteln, die nun wirklich jeder versteht).

In seinem kürzlich erschienenen Buch zum Irak-Krieg hat George Packer den berühmten Ausspruch des damaligen US-Verteidigungsministers Donald Rumsfeld angesichts der Plünderungen in Bagdad kommentiert. Sein »stuff happens« (etwa: »Dumm gelaufen!«) von einer Pressekonferenz am 11. April 2003 erweist Rumsfeld als lupenreinen Sophisten.

Rumsfelds Worte, die schon bald berüchtigt sein sollten, beinhalteten eine ganze politische Philosophie. Der Verteidigungsminister besah sich die Anarchie und erblickte in ihr den Keim der Demokratie. Seiner Ansicht nach, und der anderer in der Regierung, war Freiheit die Abwesenheit von Zwang. Freiheit existierte in der von Gott geschaffenen menschlichen Natur und nicht in den von den Menschen gemachten Institutionen und Gesetzen. Man braucht nur eine fünfunddreißig Jahre alte Tyrannei aus dem Weg zu räumen, und schon wird an ihrer Stelle die Demokratie zu sprießen beginnen, da die Menschen schließlich überall nach nichts anderem streben, als frei zu sein.

Alternativkonzepte zur Conditio humana

Vielleicht wurde die Antithese von Natur (*physis*) und Kultur (*nómos*) zu einem Thema, weil mit dem Entstehen des Staates auch in die »natürlichen« verwandtschaftlichen Bindungen eingegriffen wurde – dennoch bleibt die Frage offen, warum nur in Griechenland und nicht in vielen anderen Gesellschaften eine derartige Entwicklung stattgefunden hat. Auf jeden Fall darf man festhalten, dass die Konflikte zwischen den familiären Verbindlichkeiten einerseits und der Stadt andererseits, die seit Homer immer wieder zum Gegenstand der Dichtkunst wurden, die Überlegungen zur Kluft zwischen Kultur und Natur vorantrieben. Sophokles' Tragödie *Antigone* beschäftigt sich mit der Unvereinbarkeit der Prinzipien der Blutsverwandtschaft mit den Gesetzen der Polis, was durch den Ungehorsam Antigones gegenüber Kreon, dem Tyrannen von Theben, deutlich wird. Als Kreon Antigone verbietet, ihren Bruder zu bestatten, weil dieser ein Feind der Stadt gewesen sei, setzt er die Gesetze der Stadt höher an als die Pflichten, die Antigone ihrem Verwandten gegenüber hat. Kreon bleibt unnachgiebig, doch nur so lange, bis er Opfer desselben Widerspruchs wird, als sich sein eigener Sohn gerade wegen dieser Politik das Leben nimmt. Für heutige Ansprüche jedoch könnte die Moral, die man aus alldem zieht, mehr sein als bloß eine weitere Variante von der guten Natur und der bösen Kultur des antiken Dualismus. Bei der Diskussion über die Verpflichtungen gegenüber der Familie geht es auch um eine Conditio humana, von der unsere althergebrachten Philosophien über die Natur des Menschen keine Ahnung haben. Denn was könnte »Eigennutz« bedeuten, wenn sowohl das »Eigene« wie auch der »Nutzen« transpersonale Verhältnisse darstellten und keineswegs Eigenschaften des Einzelnen wären?

Abseits der heutigen Kontroversen über die menschliche Natur und ihr vermeintlich kulturelles Gegenstück hat die abendländische Tradition noch eine andere Auffassung über die Ordnung und das Sein beherbergt, die von Anthropologen häufig untersucht wurde: verwandtschaftliche Gemeinschaft. Sie bleibt im Abendland unausgesprochene Grundlage der Conditio humana, obwohl (oder weil) unsere tiefsten Gefühle und Bindungen in der Familie und in den verwandtschaftlichen Verhältnissen wurzeln. Während sie diesen nur wenig Beachtung schenkten, gingen unsere Philosophien über die menschliche Natur in der Regel von der Betrachtung größerer gesellschaftlicher Gruppen aus, die nach völlig anderen Prinzipien organisiert sind. Was wir für gewöhnlich menschliche Natur nennen, sind zumeist nur Neigungen (bürgerlicher) erwachsener Männer. Dabei werden Frauen, Kinder und die Alten größtenteils außer Acht gelassen oder vernachlässigt, und zwar in demselben Maße wie das allgemeine Prinzip menschlicher Verbundenheit insgesamt. Man sollte zwar meinen, dass die menschliche Natur zu Hause anfängt; doch in einem solchen Fall dürfte sie nicht länger als »eigennützig« aufgefasst werden, weil dort vor jedem Eigennutz schon Wohlwollen und Milde regierten.

Der hier lauernde Widerspruch hilft, einige bemerkenswerte Vorschläge zu verstehen, die in der Antike hinsichtlich der verwandtschaftlichen Gemeinschaft und der Subjektivität unterbreitet wurden. Platon und Augustinus haben beide ein breit angelegtes System der Verwandtschaft nahegelegt und als ein Gesellschaftsmodell für die Menschheit präsentiert, da es dieser am ehesten angemessen sei: Augustinus vertritt die Auffassung, dass das Verständnis der Menschheit als Familie der ursprünglichen, von Gott gegebenen gesellschaftlichen Ordnung entspräche; Platon sagt, dass die Familie die ideale Bürgergesellschaft unter den aufgeklärten Klassen seiner utopischen Republik darstellt. (Ein ähnliches Verständnis von Verwandtschaft findet sich heute in den Familienstrukturen Hawaiis, wo jeder mit jedem innerhalb der Gemeinschaft durch die ursprünglichen Bindungen von Mutter, Vater, Bruder, Schwester, Sohn und Tochter verbunden ist.) Nicht umsonst schließlich habe Gott uns zu Nachkommen eines einzelnen Stammvaters bestimmt, meint Augustinus, was uns alle zu Mitgliedern einer Familie mache. Der Bischof von Hippo nahm damit auch Edward Tylors berühmte Erklärung des Inzesttabus (»heirate raus oder stirb aus«) um etwa 1500 Jahre vorweg. Er vertrat die Ansicht, dass das Verbot, innerhalb der jeweiligen Familien zu heiraten, die Zahl der verwandtschaftlichen Verhältnisse vervielfachen und so auf eine breitere Basis stellen würde. (Man hätte demzufolge also eine Schwester, eine Ehefrau und angeheiratete Familienmitglieder anstelle von nur einer Familie, weil die Schwester zugleich die eigene Ehefrau ist.) Spricht man daher von einer gemeinsamen Abstammungslinie, zu der auch entfernte Verwandte in Primärbeziehungen (klassifikatorische Verwandtschaft) gehören, von Inzesttabu und Exogamie, dann wird deutlich, dass bereits diese antiken Anthropologen verwandtschaftliche Verhältnisse als Kollektivordnung begriffen.

Allerdings war es Aristoteles, der in der *Nikomachischen Ethik* die immer noch beste Definition von Verwandtschaftsverhältnissen prägte. Wenn man liest, was Aristoteles über die Freundschaft zwischen Verwandten schreibt, glaubt man Marilyn Strathern (über die Bewohner der Hochländer Guineas) oder Janet Carstens (über die Bewohner der indonesischen Inseln) zu lesen, die die Verwandtschaft als eine Beziehung zum anderen beschreiben, die sowohl dem subjektiven Dasein des Menschen als auch seiner objektiven Identität innewohnt. Für Aristoteles sind Verwandte ein und dieselbe Einheit in jeweils unterschiedlichen Subjekten: Kinder sind das andere Selbst ihrer Eltern; Brüder, Cousins und andere Verwandte sind Menschen, die in unterschiedlichen Graden zusammengehören.

> Man sieht also: die Eltern lieben das Kind wie sich selbst – was aus ihnen entstanden ist, existiert ja nach dem Akt der Loslösung gleichsam als zweites Ich weiter –, das Kind aber liebt seine Eltern, weil es von ihnen stammt.
> Brüder lieben sich wegen der Identität des Ursprungs. Denn das Identitätsverhältnis in Bezug auf den Ursprung macht sie auch

> gegenseitig zu etwas Identischem. Daher die Ausdrücke: »gleichen Blutes«, »aus gleicher Wurzel« usw. Sie sind somit in gewissem Sinn etwas Identisches, nur in getrennten Existenzen […]. Zwischen Vettern aber und den sonstigen Blutsverwandten besteht aus diesem Grunde – weil sie ja vom selben Stamm kommen – ein Band der Zugehörigkeit, und zwar stehen sie einander näher oder ferner, je nachdem, ob der Stammvater des Geschlechts nahe oder fern ist.

Daraus lässt sich folgendes Prinzip ableiten: Verwandtschaft ist die Wechselbeziehung des Seins. Verwandte gehören einander an. Ihre Wechselseitigkeit kann in einer Wesensgleichheit gründen, wie dies unter Brüdern oder bei Nachfahren eines gemeinsamen Ahnen der Fall sein mag; oder sie zeigt sich in einer wechselseitigen und sich ergänzenden Zusammengehörigkeit wie bei Ehepaaren. In jedem Fall ist das Verhältnis zum anderen der eigenen Existenz immanent.

Aristoteles sprach in erster Linie von Verwandtschaft im Sinne von Gleichheit, von einer Wesenseinheit in unterschiedlichen Subjekten, die durch Geburt und Abstammung entsteht und durch die gemeinsame körperliche Substanz objektiviert wird, also von Menschen vom »selben Blut« oder von gleicher Abkunft. Da aber das aristotelische Konzept den Schwerpunkt auf Verwandtschaft durch gemeinsame Abstammung legte, blieb es unvollständig. Das zeigt die seit Langem in der abendländischen Kultur bestehende Unterscheidung zwischen natürlicher Verwandtschaft durch Geburt oder »Blut« und der von Menschen hergestellten Verhältnisse durch Heirat oder Gesetz; es handelt sich um denselben Gegensatz von *physis* und *nómos*, den David Schneider in seiner herausragenden Studie über die modernen amerikanischen Verwandtschaftsverhältnisse ausgemacht hat. Doch die Blutsverwandtschaft ist nicht überall vorrangige Grundlage bei der Bestimmung von Verwandtschaftsverhältnissen, und schon gar nicht bei der Bestimmung von »Volk« oder »Volkszugehörigkeit«.

Ethnografen berichten von Völkern, die auf unterschiedlichste Weisen solidarische Verwandtschaft generieren: durch das gemeinsame Siedlungsgebiet, die gemeinsame Geschichte, gemeinsame Landrechte, den Gabentausch, die Beschaffung von Lebensmitteln oder geteilte Erinnerungen sowie durch zahlreiche weitere Möglichkeiten. Hätten wir es in diesem Zusammenhang nicht mit den Selbsttäuschungen der Soziobiologie zu tun, bräuchte man gar nicht zu erwähnen, dass eine Bestimmung der Verwandtschaftsverhältnisse nicht notwendigerweise genealogisch verläuft und auch keineswegs einer verkörperten Identität derjenigen bedarf, die hier als Verwandte bezeichnet werden. Ja es besteht nicht einmal die Notwendigkeit eines gemeinsam geteilten Wesens.

Was hingegen in Aristoteles' Beschreibung der Verwandtschaftsverhältnisse als Einheit in den verschiedenen Subjekten allgemein gültig bleibt, ist die Ethik der Gleichheit: die Liebe, die solche Verwandte füreinander empfinden sollen. Hinsichtlich ihrer gemeinsamen Identität sind sie Gleiche unter Gleichen, selbst wenn sie sich untereinander auf vielfältige Weise unterscheiden mögen; und die exemplarische ökonomische Beziehung zwischen ihnen soll gegenseitige Unterstützung sein. E. B. Tylor hat einmal bemerkt, dass Verwandtschaft (*kinship*) und Freundlichkeit (*kindness*) dieselbe etymologische Wurzel haben – eine glückliche und treffliche Beobachtung, die die Grundlage des gesellschaftlichen Miteinanders zum Ausdruck bringt.

Jenseits einer solchen Ethik der Liebe und der wechselseitigen Unterstützung gilt allerdings, dass eine Gruppe von Verwandten, die nur aus den »eigenen Leuten« besteht, sich nicht selbst reproduzieren kann, da das Inzesttabu sie für die notwendige Fortpflanzung an andere verweist, die diesen Bedarf decken können, und sie dadurch abhängig macht. Durch Eheschließung, bei der Mitglieder der einen Gruppe in die Haushalte der anderen überwechseln, zirkulieren die Lebenskräfte, und es entstehen lebendige, differenzierte Verwandtschaftsstrukturen, Allianzen, aus denen Kinder als neue Lebewesen hervorgehen, die ihrerseits wiederum die Gruppen ergänzen. (Dieses Überwechseln betrifft für gewöhnlich die zeugungsfähigen Männer in matrilinearen und die gebärfähigen Frauen in patrilinearen Verwandtschaftsstrukturen.) Die verwandtschaftliche Beziehung, die durch das Einheiraten hergestellt wird, ist demnach eine die Lebenswelt betreffende und auf Erfahrung beruhende Form des großen mystischen Dilemmas, in dem die Conditio humana steckt: Die Menschen sind tatsächlich von den Kräften des Lebens *sui generis* und von ihrer Sterblichkeit abhängig, die sie weder beherrschen noch überwinden können, von Kräften also, die ihre selbstorganisierten Gemeinschaften übersteigen. Könnten die Menschen über ihre eigene Existenz bestimmen, dann wären sie unsterblich. Ebenso wenig haben sie die Elemente oder Jahreszeiten oder andere Voraussetzungen, von denen ihr Wohlergehen abhängt, in der Hand. Das ist die Grundlage für die zahlreichen und ethnografisch gut dokumentierten Berichte, in denen angeheiratete Verwandte mit kosmischen Wesen in Zusammenhang gebracht werden, die das menschliche Schicksal bestimmen und durch Heirat Leben geben oder nehmen. Sogar mächtige Götter können einheiraten, und angeheiratete mächtige Verwandte können Götter sein. Es gilt also, was Edmund Leach so glänzend beobachtet hat: »Bündnisverhältnisse werden als metaphysische Einflussnahmen verstanden.« Das Band der Hochzeiten ist von Flüchen und Segenswünschen durchzogen. Sowohl bei den Verwandtschaftsverhältnissen als auch in den Beziehungen zum Kosmos im Allgemeinen ist Andersheit Bedingung der Möglichkeit des Seins.

Ethnografische Berichte sprechen vom »transpersonalen Selbst« (bei den Ureinwohnern Nordamerikas), vom Selbst als »einem Ort gemeinsamer gesellschaftlicher Beziehungen oder geteilter Biografien« (auf den Karolinen im Pazifik) oder von Menschen als Orten eines »vielgestaltigen und zusammengesetzten Beziehungsgeflechts, das sie hervorgebracht hat« (im Hochland von Neuguinea). Roger Bastide schreibt, indem er sich im weitesten Sinne auf das afrikanische Konzept vom »Einzelwesen« bezieht: »Ein solches existiert nur insoweit, als es *draußen* ist und *anders* als ich.« Es steht außer Frage, dass das Selbst dieser Gesellschaften nichts mit dem begrenzten, einheitlichen und autonomen Menschen zu tun hat, wie wir ihn kennen – *ihn* ganz besonders, nicht nur in unserer Gesellschaftstheorie, sondern auch in der verwandtschaftlichen Praxis. Es ist vielmehr so, dass das Individuum ein Ort nicht nur für ein einziges Selbst ist. Das bedeutet auch, dass jedes Selbst einer Person mehr oder weniger unter den anderen verteilt ist. McKim Marriott hat dieses Phänomen in Indien beobachtet und es als Erste unter anthropologischen Aspekten beleuchtet:

> Personen – einzelne Akteure – werden in Südindien nicht als »Individuen« verstanden, das heißt als unteilbare und begrenzte Einheiten, so wie das in der westlichen Gesellschaftstheorie und Psychologie üblich ist und wie es für den Alltagsverstand gilt. Dagegen scheint es, dass in Südindien Personen generell als »Dividuen«, also als »teilbar«, aufgefasst werden. Um zu existieren, nehmen Dividuen heterogene materielle Einflüsse in sich auf. Aus sich heraus, aus ihrer eigenen verschlüsselten Substanz, müssen sie im selben Zug auch Teile abspalten – Wesensgehalte, Reste oder andere aktive Einflussnahmen – und

> auf diesem Wege erzeugen sie in den anderen etwas von der Natur der Personen, von denen sie selbst abstammen.

Kurz gesagt: In Verwandtschaftsverhältnissen werden andere zu Eigenschaften der eigenen Existenz und umgekehrt. Damit meine ich nicht den gegenseitigen Austausch von Standpunkten, der für die Phänomenologen das Merkmal aller unmittelbaren gesellschaftlichen Verhältnisse ist, sondern die Einbeziehung bestimmter Verhältnisse, also die Teilhabe bestimmter anderer am eigenen Sein. Und wenn »Ich ein anderer ist«, dann ist der andere auch meine eigene Bestimmung.

Da sie ein Teil des anderen sind, führen die Verwandten die Leben der anderen und sterben deren Tode. Man arbeitet und handelt hinsichtlich der Beziehungen, man hat die anderen im Sinn, man handelt im Interesse des eigenen Kindes, für den Kreuzcousin, den Ehemann, für die Stammesmitglieder, für den Bruder der Mutter oder eine andere Person, mit der man verwandt ist. In diesem Zusammenhang hat Strathern in Neuguinea beobachtet, dass weder Handlung noch Absicht bloß Ausdruck von Individualität sind, weil der andere eine interne Voraussetzung für die eigene Aktivität ist. Nicht nur die Arbeit, sondern auch der Verzehr und der Genuss sind nicht einfach Sache eines »Selbstersatzes«, sondern dienen der »Anerkennung und der Überwachung von Beziehungen«. Im Gegensatz zum klassischen bürgerlichen Individualismus ist der Körper hier nicht Privatbesitz des Einzelnen. »Ein Körper unterliegt der Verantwortung einer Mikrogemeinschaft, die ihn nährt und sich um ihn kümmert,« berichtet Anne Becker von den Einwohnern der Fidschi-Inseln. »Konsequenterweise folgt daraus, dass sein Aufbau und seine Entwicklung im Zuständigkeitsbereich der Gemeinschaft liegt und nicht in dem des Selbst.« Der Zustand eines Körpers ist Angelegenheit und Anliegen des Dorfes, weil er zeigt, dass die Bewohner sich um ihren Nächsten kümmern, und die Fähigkeit des Einzelnen beweist, anderen dienlich sein zu können. In solchen verwandtschaftlichen Gemeinschaften ist der Körper Gesellschaftskörper, Subjekt der Zuneigung, der Sorge und der Verantwortlichkeit der anderen, so wie er sich im Gegenzug selbst dem Wohlergehen der anderen widmet.

Daraus folgt, dass auch die Erfahrung selbst keine ausschließlich individuelle sein kann. Die Art und Weise und das Ausmaß, in dem Menschen Teil der anderen sind, bestimmen die Anzahl der Erfahrungen, die sie miteinander teilen. Selbstverständlich gilt das nicht auf der

Ebene der Sinneseindrücke, sehr wohl aber auf der Bedeutungsebene: Dort, wo ausgehandelt wird, was ein Ereignis bedeutet, beherrscht die menschliche Gemeinschaft die kommunizierbare Qualität der Erfahrung. »Erfahrung verbreitete sich unter den Menschen«, sagt Maurice Leenhardt über die Neukaledonier, »und wurde nicht als etwas begriffen, das im Besonderen den Einzelnen betraf.« Menschen wurden krank, weil ihre Verwandten moralisch verwerflich gehandelt oder religiöse Gesetze übertreten hatten – auf Zusammenhänge dieser Art trifft man in der Ethnografie häufig. Es gibt viele Gesellschaften, in denen die Verwandten die Schäden wiedergutmachen müssen, die ein Familienmitglied verursacht hat; der Preis ist hoch, wenn jemand ums Leben kam, weniger hoch, wenn jemandem die Haare geschnitten wurden. In vielen dieser Gesellschaften haben auch die angeheirateten Verwandten der Verletzten oder Verstorbenen ein besonderes Recht auf Wiedergutmachung, sind sie doch Quelle des Weiterlebens, um das es geht. In diesem Sinne versteht sich auch die folgende Bemerkung über die Tlingit von der Nordostküste der USA:

> Da es für sie selbstverständlich ist, eng miteinander verbunden zu sein, sind alle

> Mitglieder des Stammes betroffen, wenn einer von ihnen beleidigt oder ihm körperliche Schmerzen zugefügt werden, ganz zu schweigen davon, wenn einer von ihnen stirbt. Wenn sich ein Mitglied des Stammes selbst verletzt, dann muss er nicht nur ein Festgelage ausrichten und Gaben der »anderen Seite« (das heißt den angeheirateten Verwandten der anderen Hälfte des Stammes) darbringen, sondern er muss auch seinen eigenen Leuten ein kleines Essen bereiten, da er ihnen mit seiner Selbstverletzung Ärger bereitet hat.

Darüber hinaus gibt es auch zahlreiche Gesellschaften, in denen Menschen symbolisch gemeinsam mit ihren Verwandten sterben. Nicht nur bringen sie sich selbst Wunden bei, sie sondern sich auch während spezieller Trauerpraktiken ab und hören auf zu tun, was üblicherweise ihrem Personenstand entspricht: Sie ziehen sich in die Einsamkeit zurück, tragen zerrissene Gewänder, verzichten darauf, sich zu waschen, und Ähnliches mehr. Ich behaupte nicht, dass manche dieser Praktiken überall anzutreffen sind, doch häufig genug sterben Menschen nicht allein. Auch der Tod ist geteilte Wirklichkeit.

Natürliches Eigeninteresse? Für den größeren Teil der Menschheit ist ein Eigeninteresse, so wie wir es verstehen, im normativen Sinne widernatürlich. Es wird als Wahnsinn oder Hexerei betrachtet, schreit nach Ächtung, Hinrichtung oder wenigstens Therapie. Viel eher denn als vorgesellschaftliche menschliche Natur wird derlei Selbstsucht in der Regel als Verlust von Menschlichkeit verstanden, die die wechselseitigen Beziehungen des Seins, die wiederum die menschliche Existenz ausmachen, außer Kraft setzt. Wenn nun also das Selbst, der Körper, die Erfahrung, die Lust, der Schmerz, die Tätigkeit und die Absichten, ja sogar der Tod in so vielen Gesellschaften transpersonale Beziehungen darstellen und dies auch höchstwahrscheinlich für viele Weltalter in der menschlichen Geschichte galt, dann folgt daraus, dass das ›eingeborene‹ abendländische Konzept menschlichen Selbstverständnisses von der eigenen animalischen Natur Illusion und Täuschung ist – und zwar eine von weltanthropologischem Ausmaß.

Die Monarchie des Mittelalters

Die Vorstellung, dass die Gesellschaft das Schlechteste in uns hervorruft, zieht sich von der Theologie des Augustinus bis hinein in die Soziologie von Émile Durkheim. Vom Mittelalter bis zur Moderne betrachtete man die Gesellschaft aber immer wieder auch als das notwendige und zwingend gebotene Gegenmittel für unseren angeborenen Egoismus. Seine Verderbtheit hat der Mensch in jedem Fall selbst zu verantworten. Paul Ricœur hat auf die Einzigartigkeit der abendländischen Kosmogonie hingewiesen, in der das Böse weder ursprüngliche Verfasstheit noch eine von Gott dirigierte Tragödie, sondern einzig und allein dem Menschen und seiner Selbstliebe zuzurechnen ist. Dieser weigerte sich, Gott zu gehorchen, um sich seiner selbst zu erfreuen. Eva und die teuflische Schlange hatten dabei zwar die Hand im Spiel, doch Adam musste die Schuld auf sich nehmen. Und die böse Saat wurde, wie Augustinus nahelegte, nun durch Adams Samen übertragen.

Worin auch immer sich die Auffassungen zum angeborenen Wesen des Menschen in der Antike unterschieden haben mögen, die Erbsünde des Christentums brachte die Sache für die nächsten Jahrhunderte unter Dach und Fach. Augustinus' einflussreiches Konzept von der Erbsünde, stellt Elaine Pagels fest, lieferte »ein Konzept von der Natur des Menschen, die – ob zum Glück oder Unglück, sei dahingestellt – als universelles Erbteil aller nachfolgender Christengenerationen des Abendlandes zum wichtigsten Faktor für deren psychologische und politische Grundpositionen wurde«. Die gewaltige Auswirkung auf das politische Denken zeigte sich im breiten Konsens über die Zweckmäßigkeit einer Regierung im Allgemeinen und der Monarchie im Besonderen, die die menschliche Wildheit im Zaum halten sollte.

Ohne eine solche Regierung würden sich die Menschen gegenseitig verschlingen wie Fische oder wilde Tiere. Die unendliche Gier des Fleisches würde zu endlosem Krieg führen – in den Menschen selbst, zwischen den Menschen und gegen die Natur. »Die Menschen mit ihren verkehrten und ungeordneten Begierden gleichen den Fischen, die sich gegenseitig auffressen«, sagt Augustinus. Die Vision einer solchen Fischgeschichte des Irenäus existierte bereits in einer frühen rabbinischen Überlieferung. »Die irdische Herrschaft fürchtend sollen die Menschen sich nicht nach der Art der Fische gegenseitig verschlingen, sondern durch die Bestimmung der Gesetze die vielfache Ungerechtigkeit der Heiden hinten anhalten.« Als totemistisches Modell menschlicher Natur bleibt das Bild vom großen Fisch, der den kleinen verschlingt, durch das ganze Mittelalter hindurch sprichwörtlich und dient auch heute noch als bissige Beschreibung des neoliberalen Kapitalismus. (Vor ein paar Jahren gab es sogar ein kleines Spielzeug dieser Art, das man speziell als Weihnachtsgeschenk für Manager vermarktete.) Begleitet wird dies von der Vorstellung, dass die Menschen sich sogar noch schlimmer verhalten als die wilden Tiere. »Denn weder haben Löwen untereinander Kriege geführt noch Drachen, wie die Menschen es tun«, schreibt Augustinus im *Gottesstaat* und liefert damit den Stoff für die christliche Fabel von der Notwendigkeit einer weltlichen Regierungsmacht. Denn »so würden auch wir, wenn du den Städten die Obrigkeit nähmest, ein unvernünftigeres Leben führen als die vernunftlosen Thiere und einander beissen und aufzehren«, merkt Johannes Chrysostomus an. Die Stadt also – wobei man nicht vergessen sollte, dass es Kain war, der die erste Stadt gründete. Er war die brudermörderische Erstgeburt der inzestuösen Verbindung von Adam und Eva; und er bevölkerte seine Stadt mit Kindern, indem er sich mit einer ungenannten Frau vereinigte, die seine Schwester gewesen sein muss, wenn nicht gar seine Mutter.

Wo das Gesetz regiert, herrscht Gott und die Vernunft über die Stadt, merkt Aristoteles an, doch wo der Mensch regiert, muss auch das Tierische in Betracht gezogen werden. »Denn die Begierde ist etwas Thierisches, und Zorn und Leidenschaft verleiten (oft) die Herrscher, auch wenn es die besten Männer sind.« Hatte Augustinus auch durchaus seine Vorbehalte hinsichtlich der gesetzlich verbrieften Räuberei durch den Staat, so war diese dennoch nur ein Aspekt institutionalisierter Gewalt, die von den herrschenden Mächten, die für die gefallene Menschheit unverzichtbar waren, ausgeübt wurde. Augustinus billigte folglich nicht nur die Machtausübung des Königs, sondern auch die Todesstrafe, die vom Richter verhängt wurde, und ebenso das Folterwerkzeug des Henkers, die Waffenrüstung des Soldaten und sogar die Strenge selbst des besten Vaters. Deshalb zieht er auch den folgenden Schluss: »Wenn man sich vor diesen Dingen fürchtet, werden die Bösen im Zaum gehalten und leben die Guten in größerer Ruhe inmitten der Bösen.«

Mittelalterforscher nennen diese Politik der Erbsünde den »politischen Augustinismus«.

Von oben herab und aus dem Jenseitigen zu herrschen galt als allgemeines Prinzip. Dieses Prinzip, das sich gegen ein zu unterwerfendes und böswilliges Volk wandte, wurde beim feudalen Fürsten ebenso deutlich wie beim Kaiser oder König oder auch beim Bischof oder Papst. Idealerweise entsprach es einer Tugendhierarchie, bei der die Majestät und Macht der Herrschenden, der »guten Menschen« (*les bonnes gens*), durch deren Fähigkeit, ihre eigenen Gelüste im Zaum zu halten, noch verstärkt wurden. Eine solche Kontrolle über die eigenen animalischen Triebe gestattete es ihnen, die Niederträchtigkeiten der unteren Stände zu kontrollieren. Bei diesen nämlich hatten sich Erbsünde und Unmenschlichkeit besonders verfestigt, und in periodischen Abständen und in Form rabelaischer Ausschweifungen brachen sie in den »unteren Regionen des einen Körpers« aufs Neue hervor. In seiner Arbeit über die politischen und sozialen Vorstellungen des Augustinus vergleicht Herbert Deane diese detailliert mit Hobbes' gleichlautender These von der königlichen Macht, die die egoistischen und zerstörerischen Antriebe der Menschen zügeln soll. Es ist daher nicht verwunderlich, dass Henry Chadwick an Thukydides' Beschreibung einer »Hölle der Anarchie« erinnert, wenn er von der christianisierten Form spricht, in der die menschliche Wildheit von oben herab zu zähmen sei – was wiederum einen Bezug zur *stasis* in Kerkyra herstellt:

> Aus den Worten des Paulus, die »Regierungsgewalt trage ihr Schwert nicht umsonst«, wird deutlich, dass die Ausübung von Zwang eine unvermeidliche Auflage ist, die durch die Habgier und den Stolz der gefallenen Menschen nötig wurde. Diese Regierungsgewalt wird nicht dafür sorgen, dass eine Seele in das Himmelreich eingeht, doch sie wird die breite Straße hinein in die Hölle der Anarchie versuchen einzufrieden, die, wie schon Thukydides mit eindrücklicher Beredtheit festgestellt hat, die ganze menschliche Verworfenheit zu Tage fördert.

Von der Vorsehung zum Heilmittel gegen die Anarchie bestimmt, unterhält das mittelalterliche Königtum eine besondere Nähe zu Gott. Ernst Kantorowicz berichtet von Friedrich II., dem Kaiser des Heiligen Römischen Reiches, dass dieser, »wie jeder mittelalterliche Herrscher«, von sich behauptete, »auch der Stellvertreter der Gottheit zu sein«. Er gefiel sich also darin, als Gebieter über das Leben und den Tod seiner Untertanen, Vollstrecker der göttlichen Vorsehung zu sein. Als Vizeregent Gottes konnte der König auch dessen Vikar, sein Nachfolger auf Erden oder ein Gottesmann sein, der Christus selbst glich. Der sterbliche Körper des Königs war nur zeitgebundene Residenz der unsterblichen Macht, die über das Reich der Menschen herrschte, und daher rührte auch der christologische Aspekt seiner doppelseitigen Persönlichkeit. Der hochmittelalterliche Herrscher wurde zum Christomimetes, zum »Darsteller« oder »Imitator« Christi. Seine durch Weihe und Gnade bestimmte Person beschreibt der Normannische Anonymus (im Jahr 1100) bei Kantorowicz so:

> Die Macht des Königs ist die Macht Gottes. Diese Macht ist nämlich Gott von Natur aus zu eigen, dem König aber durch die Gnade. Somit ist auch der König Gott und Christus, aber nur durch die Gnade, und was immer er tut, tut er nicht einfach als Mensch, sondern als jemand, der durch die Gnade Gott und Christus geworden ist.

In einem politischen Traktat aus der Mitte des 12. Jahrhunderts bezeichnete Johannes von Salisbury den regierenden Fürsten »gewissermaßen als das Abbild der göttlichen Hoheit auf Erden«.

Man müsse sich bloß vor Augen führen, wie gefürchtet ein König sei. Warum sonst würden sich die Menschen seinen Befehlen unterwerfen, ihre Häupter vor ihm senken oder gar auf den Richtblock legen? »Durch göttlichen Antrieb fürchtet jeder die, die seine Furcht erregen.« Ergänzt wird diese Zwangsherrschaft also durch eine allgemeine Furcht, die man schon bei Augustinus findet und die auf brillante Weise in der hobbesianischen Vertragstheorie durchgespielt wird, in der die Menschen ihre private Furcht vor einem gewaltsamen Tod gegen eine Kollektivfurcht eintauschen, die den allgemeinen Frieden absichern soll.

Für Johannes von Salisbury war (genauso wie für Dante, Thomas von Aquin, Johannes von Paris, Aegidius Romanus und andere intellektuelle Honoratioren) die Monarchie eine Kosmologie. Und sie war auch eine allgemeine Metaphysik der Ordnung, die auf der Herkunft der minderwertigen Vielen vom höchsten Einen basierte.

Indem er das System des Universums von Aristoteles für die christliche Doktrin adaptiert, behauptet Dante in seinem Text über die Monarchie, dass »der ganze Himmel durch eine einzige Bewegung, nämlich jene des Ersten Beweglichen, und von einem einzigen Beweger, nämlich Gott, in allen seinen Teilen, Bewegungen und Bewegern gelenkt wird«. Es steht dann für die menschliche Gattung zum Besten, »wenn sie von einem einzigen Herrscher wie von einem einzigen Beweger und einem einzigen Gesetz wie von einer einzigen Bewegung in seinen Bewegern und Bewegungen gelenkt wird«. Dante wandte auf das monarchistische Walten auch eine bekannte Unterscheidung an, die Aristoteles in seiner *Metaphysik* zwischen zwei unterschiedlichen Arten, das Gute zu ordnen, eingeführt hatte. Die eine Ordnung entsteht durch die wechselseitigen Beziehungen der Teile zueinander innerhalb eines Ganzen, ähnlich wie zwischen den Soldaten einer Armee. Die andere ist das Gute, das aus der Absicht und dem Plan einer externen Instanz erwächst, etwa so wie ein General für die Ordnung einer Armee als Ganzes zuständig ist. Am Schluss des entscheidenden 12. Buches der *Metaphysik* merkt Aristoteles an: »Das Seiende aber mag nicht schlecht beherrscht sein.« Und er fügt an dieser Stelle die Billigung der Vorrangstellung des Agamemnon aus der *Ilias* ein: »Nimmer ist gut eine Vielherrschaft; nur Einer sei Herrscher!«

Ich bin mir nicht sicher, ob diese gegensätzlichen Formen von Ordnung ursprünglich als abstrakte Formen vom Gegensatz zwischen hierarchischen und egalitären Herrschaftsformen gemeint waren, als die wir sie hier behandeln. Doch wenn diese aristotelische Unterscheidung mit ihrem Gegensatz zwischen der distributiven und der ausgleichenden (oder gleichrichtenden) Gerechtigkeit bei Thomas von Aquin und besonders bei seinem Schüler Aegidius Romanus verschränkt wird, dann haben wir es ganz offensichtlich mit abstrakten Aussagen über die monarchische oder republikanische Ordnung zu tun. Während in der »Verteilungsgerechtigkeit« von einer zentralen Instanz Güter gemäß Stellung und Verdienst verteilt werden, haben wir es bei der »Tauschgerechtigkeit« mit einer Wiedergutmachung zu tun, die die Gleichheit aller beteiligten Parteien untereinander wieder herstellt. Tatsächlich wurde Letztere ja von Aegidius Romanus auf eine Weise beschrieben, die an die kosmische Gerechtigkeit bei Anaximander erinnert, der ebenfalls Entschädigungen für die Übergriffe eines Körpers auf seinesgleichen verlangte. Wie Dante bevorzugte auch Aegidius Romanus die monarchische Form nicht nur deshalb, weil die herrschende Einheit den Zweck des Ganzen verkörperte, sondern weil das Verhältnis der einzelnen Teile zueinander von der gemeinsamen Unterwerfung unter eine externe Herrschaft abhängig war. Kurz gesagt fußte die Beweisführung in der *Monarchia* von Dante zugunsten monarchischer Weltherrschaft auf der gängigen Überzeugung, menschliche Begierden müssten außer Gefecht gesetzt und neutralisiert werden: Die Menschen gingen durch wie wilde Pferde, wenn sie nicht »an die Kandare« genommen würden.

Auch der gute alte Thomas von Aquin darf nicht vergessen werden, wenn es um die Metaphysik der Monarchie geht. In seinem Traktat über die Herrschaft der Fürsten macht er überall auf Erden Monarchie als Abbild des Himmelreichs aus. Wenn Dinge zu einer Einheit angeordnet sind, so die Prämisse, dann muss es auch etwas geben, das dieses Ganze beherrscht. Alle Körper im Weltall werden von einem zentralen Himmelskörper beherrscht; alle irdischen Körper werden von vernünftigen Geschöpfen beherrscht; im Menschen wird der Körper von der Seele beherrscht; in den Teilen der Seele werden die reizbaren und wollüstigen Gemütsbewegungen von der Vernunft beherrscht; und da auch der wohlgeordnete Körper vom Kopf oder dem Herzen beherrscht wird, gilt selbstverständlich auch, dass es in jeder »Vielheit etwas gibt, das regiert«. Und da er ein paar Absätze zuvor festgestellt hat, dass es sogar unter den Bienen »Könige« (sic!) gibt, zieht er den Schluss, dass alle Vielheit sich aus der Einheit ableitet.

In jedem Ding steckte ein Fürst. Die Abkunft der Vielen aus dem Einen durchzog alles, was von Gott belebt war: von der irdischen Herrschaft der regierenden Fürsten bis hin zu den kleinsten Dingen. In einer Abfolge fortschreitender Segmentierung und der damit einhergehenden Wertminderung war jeder Teil in seinem innersten Wesen eine Nachbildung der höheren Einheit, die ihn in sich enthielt. Dieses Prinzip erstreckte sich auch auf die unbelebte Materie. »Im Gesamt der unbelebten Natur«, bemerkte Otto von Gierke, »werden wir nichts Zusammengesetztes finden, indem es nicht ein Element gibt, das seine ganze Natur bestimmt.« Die monarchische Kette des Seins setzte so eine Matrix von wechselseitigen Analogien frei, die wiederum die vielen Darstellungen Gottes als Souverän und des Souveräns als Gott, des Königreichs als menschlicher Körper und des Körpers als Königreich etc. möglich machte. John Wycliffe bietet dazu eine aristotelische Entsprechung: »In der Politik ist das Volk der Stoff und der König die Form« – ein passendes Bild für den König als Ordnungsprinzip, obgleich es die nichtaristotelische Schlussfolgerung mit sich brachte, der Mensch sei von Natur aus ohne Ordnung.

Aristoteles vertrat die Meinung, dass der Mensch seiner Natur gemäß in politischen Gesellschaften lebe, dass er also ein politisches Tier sei – eine Vorstellung, die im 13. Jahrhundert und danach durch Thomas von Aquin und seine Anhänger gegenüber den Behauptungen des dominierenden Augustinismus weiterentwickelt wurde. Ist die Menschheit von Natur aus gesellig, dann wäre sie auch vom Stigma der Erbsünde erlöst, hätte kein Gegengift der Zwangsherrschaft nötig, und das verspräche ein wenig Hoffnung auf Glückseligkeit für das Erdendasein, ja für die Erde insgesamt, die für Augustinus nur ein Tal der Tränen war. Doch wie wir bereits gesehen haben, gab es im natürlichen Gesellschaftstrieb, wie ihn Aristoteles verstand, einen tief greifenden Widerspruch, der diesen beständig unterlief – und durch die von Thomas von Aquin eingeführte Variante wurde dieser Widerspruch sogar noch verstärkt. Denn obwohl die vernünftige Seele des Menschen von Natur aus dazu bestimmt war, die niedrigen Begierden zu zügeln, so Aristoteles, müsse sie dennoch dazu erzogen werden; demgegenüber blieb die Triebseele sich selbst undurchsichtig und unersättlich. »Denn die Natur der Begierde kennt keine Grenzen«, schreibt er in seiner *Politik*, »und ihrer Befriedigung lebt der große Haufe der Menschen.« Demzufolge ist der Mensch zwar von Natur aus vergesellschaftet, doch offenbar nicht von Natur aus gesellschaftsfähig. Das wiederum bot Thomas von Aquin die Möglichkeit, Interessen und Bedürfnisse als Grundlage der Gesellschaft einzuführen – woraus dann die neuerliche Einführung des Königtums als notwendiges Regulativ für die Gemeinschaft folgte.

Thomas von Aquin führte Aristoteles' Diktum vom Menschen als politischem Tier in eine ökonomische Funktionsform über, wenn er betonte, dass der Zusammenschluss der Menschen in der *polis* notwendig war, um deren materielle Existenz zu sichern. Aristoteles hingegen hatte entschieden bestritten, dass die *polis* durch irgendwelche Einzelinteressen oder wegen unmittelbarer Vorteile gegründet worden war. Dies geschah einzig und allein, um ihren Bürgern ein rundum gutes Leben zu ermöglichen. Für Thomas von Aquin (und seine Nachfolger wie etwa Johannes von Paris) war die Gesellschaft jedoch nur insoweit natürlich, als erst der Zusammenschluss von Menschen in hinreichender Zahl deren Auskommen sicherzustellen vermochte. Weder allein noch in Form vereinzelter Familien sei es dem Menschen möglich sich durchzuschlagen. Nur eine Stadt bot die erforderliche Bevölkerungsdichte, stellte verschiedene Handwerkszünfte zur Verfügung und gewährleistete die Arbeitsteilung. Paradoxerweise begriff Thomas von Aquin auf diese Weise die aristotelische Bedingung des Guten – das heißt Selbstständigkeit und Vollkommenheit, was in der Tat eine menschliche Version von Göttlichkeit ist –, indem er Bedürfnis, Begehren und Interesse in das Gebilde der Gesellschaft einführte; was auch dazu diente, die Erbsünde mehr oder weniger zu naturalisieren. (Eine solche Idee, die Gesellschaft entspringe materiellen Bedürfnissen, bleibt für die Gesellschaftswissenschaften von heute ebenso aktuell, wie sie es bekanntlich schon für Claude Adrien Helvétius, Baron d'Holbach und andere Materialisten der Aufklärung war.) Für Thomas von Aquin bildeten Kleinbürger den ursprünglichen Zustand der Gesellschaft: unabhängige Produzenten, von denen jeder nur auf sein eigenes Wohl bedacht war, aber auf den Tausch mit den anderen angewiesen blieb. Da jedwede externe Autorität fehlte, ließ ein solches Arrangement nichts Gutes ahnen. Aristoteles folgend meinte Thomas von Aquin, dass die Sehnsucht eines jeden vernünftigen Wesens »nach einem umfassenden Gut zielt«. Darüber hinaus galt für ihn aber auch: »Wer Reichtum hat, sehnt sich danach, noch mehr zu besitzen«, und nichts Irdisches vermag solches jemals zu ändern. Was also vonnöten war, war ein König, dessen Tugend den Egoismus seiner Untertanen zu transzendieren vermochte und ihre Konflikte im gemeinsamen Interesse beilegen konnte. »Wären nämlich viele Menschen beisammen und jeder nur auf das bedacht, was ihm selbst angemessen erscheint, so würde die Gesellschaft nach entgegengesetzten Richtungen auseinandergeraten, falls nicht eben jemand da wäre, der für das Sorge trägt, was das Wohl der Gesellschaft betrifft.« Durch die Naturalisierung der Erbsünde in Form des materiellen Eigeninteresses begründet Thomas von Aquin eine Ideologie des Königtums, die, mit ein wenig Abstand betrachtet, wie eine mehr oder weniger milde Form des politischen Augustinismus aussieht.

Das erklärt, warum der Philosoph Alan Gewirth eine signifikante Ähnlichkeit zwischen der Politik Thomas von Aquins und der von Thomas Hobbes festgestellt hat.

Vom Heiligen Thomas war bekannt, dass er seine positive Einstellung zum Königtum nachbesserte, indem er dafür plädierte, die Machtbefugnisse zwischen dem Adel und dem Volk aufzuteilen (so wie in der Mischregierung des Polybios). Doch die monarchische Ordnung litt bereits mehr und mehr an ihren eigenen inneren Widersprüchen. Freiheit, Vertragswesen, Repräsentation und das Einverständnis der Regierten kannte man auf gewisse Weise schon im Feudalismus. Das Königtum büßte nach und nach seine Position ein, über oder jenseits der Gesellschaft zu stehen. Stattdessen war es schon bald nur noch ein Instrument der Gesellschaft und wurde deren Gesetzen unterworfen. Hinzu kommt der wachsende Erfolg der Glaubenslehre, der König erhalte seinen Regierungsauftrag vom Volk, was bedeutet, dass dieses letztlich bestimmte, was für die souveräne Macht noch zu haben war. Zugleich wuchs die Unabhängigkeit der Städte, der Zünfte und bäuerlichen Kommunen. Marc Bloch berichtet von den im 9. Jahrhundert einsetzenden langwierigen und teilweise gewalttätigen Kämpfen der Bauern um deren Selbstverwaltung. Beeinflusst durch die Autonomiebestrebungen vieler Städte im 11. Jahrhundert, bei denen sich die Bürger gegenseitige Unterstützung schworen, übernahmen auch die Bauern aus den Evangelien bestimmte Vorstellungen von einem »primitiven Egalitarismus«. In der Tat verbarg sich ja im Christentum des Mittelalters von Beginn an eine kritische Infragestellung, die all diese alternativen Herrschaftsformen unterfütterte und bestärkte. Die Heilige Schrift bot genügend Stellen, die die Herrschaftsform infrage stellten, angefangen beim Garten Eden bis hin zur Schöpfungsgeschichte und den Evangelien, wo die Vision von der ursprünglichen Gleichheit der Menschen vor dem Angesicht Gottes und ihrer Gemeinschaft im Leib Christi beschrieben wird.

Für die Kirchenväter bis zu den Scholastikern galt es als übereinstimmende Lehrmeinung, dass sich die Menschheit erst nach dem Sündenfall gezwungen sah, sich einer Herrschaft zu unterwerfen und den Privatbesitz und die Ungleichheit im Allgemeinen, sowie Königtum und Sklaverei im Speziellen, zu akzeptieren. Von Gott zwar abgesegnet, von den Menschen jedoch selbst umgesetzt dient all dies nur dazu, die Schlechtigkeit des Menschen unter Kontrolle zu halten oder, um es mit Thomas Gilby zu sagen, »um aus dem üblen Haufen das Beste zu machen«. Hier aber wird, wie auch Gilby selbst bemerkt, der Gegensatz zwischen dem ursprünglichen Zustand der Gleichheit der Menschen und dem Zustand nach dem Sündenfall (seine zweite Natur) von der antiken Unterscheidung von Natur und Konvention – *physis* und *nómos* – überlagert, was die Regierungsformen der mittelalterlichen Gesellschaft als etwas Erkünsteltes erscheinen lässt. »Menschliche Sitte ist es in weit höherem Maß als Naturrecht,« sagt Thomas von Aquin, »die zur Verteilung des Eigentums führt.« Daher war dieses zum größten Teil vom Menschen gemachte Königtum im Vergleich zum früheren Stand der Unschuld moralisch entwertet und für egalitäre Kritik anfällig. Als Gott ursprünglich die Menschen als freie und ebenbürtige schuf, war eine solche strafende Institution nicht vorgesehen. Das legt nahe, dass im hierarchischen mittelalterlichen

Regime bereits eine freie und egalitäre Republik versteckt darauf wartete, endlich an den Tag treten zu können.

Die Republiken der Renaissance

Im späten 11. Jahrhundert entstanden in Pisa, Mailand, Genua, Lucca, Bologna, Florenz und anderen Städten der Lombardei und der Toskana die ersten egalitären Republiken. Ob sie nun davon überzeugt waren, von Natur aus gut zu sein, wie es die Bibel den Menschen verkündete, oder aufgrund ihrer staatsbürgerlichen Tugenden, wie Cicero meinte – die Bewohner dieser Städte glaubten nicht länger daran, dass Gott ihre Unterwerfung durch Fürsten sanktioniert hatte, um der Niedertracht der Menschheit beizukommen. Menschen (ausschließlich Männer) wurden zu aktiven Bürgern, die sich ihre Gesetze selbst gaben. Sie hörten auf, passive Subjekte zu sein, die nur irgendwelchen Autoritäten gehorchten. Quentin Skinner hat angemerkt, dass zahlreiche der »vorhumanistischen Denker«, die über den Staat philosophierten, »ihn als die ausgeprägte Tugend eines Wahlsystems verhandelten, das die Gleichheit aller Bürger vor dem Gesetz sicherstellt. Keine

Ansprüche werden ausgegrenzt, keiner wird auf ungerechte Weise einem anderen untergeordnet.« Als die *Politik* des Aristoteles, der spätmittelalterliche Bestseller, allgemein zugänglich wurde, konnte diese Freiheit von einer göttlich verfügten Monarchie auch durch Argumente von einer angeborenen bürgerlichen Natur des Menschen gestützt werden. Einige Städte rühmten sich, den Idealen einer Regierung zu entsprechen, weil ihre Einwohner abwechselnd regierten und regiert wurden, da ihre Vertreter bezahlte Beamte waren, die für kurze Zeit von der Bürgerschaft gewählt wurden. Nach einem florentinischen Gesetz aus dem Jahre 1329 wurden die Amtsträger der Stadt durch das Los ermittelt, das von allen »Vollbürgern« aus einem Sack gezogen wurde.

Allerdings wurde in den frühen Republiken die klassische Form einer Mischregierung, die die Herrschaft der Wenigen und der Vielen miteinander verband, nicht als ein System zur Teilung der Macht verstanden. Man betrachtete sie eher als ein Mittel, die Eintracht zwischen den gesellschaftlichen Schichten sicherzustellen – ganz im Sinne von Milo Minderbinders Prinzip »Jeder hat seinen Anteil« aus Joseph Hellers Roman *Catch 22*. Man beabsichtigte, jedem seinen Anteil an der Regierung zukommen zu lassen, woraufhin auch niemand Anlass fände aufzubegehren. Die Wahrung des bürgerlichen Friedens wurde zu einer Art Zwangsvorstellung, denn er war ständig bedroht, und das Rechtswesen erwies sich als unfähig, die Interessen aller Bürger zu schützen. Im Gegensatz zu den Parteiinteressen wurden die Allgemeininteressen der Stadt zum Großteil den Professoren überlassen, die die bürgerlichen Tugenden der alten römischen Republik predigten. Man darf sich dabei eine orphische Lösung der periodisch wiederkehrenden Probleme vorstellen, wenn es darum ging, das öffentliche Wohl abzusichern und dabei gleichzeitig den Parteien und Einzelpersonen der Stadt zu gestatten, ihr eigenes im Auge zu behalten. Thomas Gustafson spricht in diesem Zusammenhang von einem Wiedererblühen ciceronischer Redekunst: Was »die Humanisten für die Beredsamkeit und Literatur reklamierten«, war nichts anderes als »die orphische Macht, Kultur zu schaffen, oder die göttliche Kraft, dem Chaos Ordnung abzuringen«. Orpheus vermochte es, mit seinem Gesang und dem Spiel seiner Leier wilde Bestien zu zähmen; nun aber bestand das Problem darin, dass »einige für Volksfreunde, andere für Anhänger der Vornehmen gelten, nur wenige aber für Freunde der gesamten Bürgergemeinde«. Was Cicero mit diesen Worten bereits für seine eigene Zeit beklagte, wurde nun auch in zahlreichen italienischen Republiken augenfällig. Skinner zitiert Annius von Viterbo: »Schwerlich nur ist eine Stadt zu finden, die nicht in sich selbst gespalten ist.« Nachdem sie sich in parteiische Grabenkämpfe verstrickt hatten, vertrauten die meisten der Städte, die zur Mitte des 12. Jahrhunderts Republiken geworden waren, gegen Ende des 13. Jahrhunderts wieder auf Fürsten.

Trotz unbeständiger Zeiten gelang es der Republik von Florenz, sich bis ins 16. Jahrhundert zu halten – das verdankte sich wahrscheinlich einem strukturellen Prozess, weil sie das komplementäre Gegenstück zu den anderen, hierarchischer organisierten Städten darstellte. Während viele Intellektuelle anderer Städte aus Bequemlichkeit Fürstenspiegel erstellten, war der langjährige Kanzler der Stadt Florenz und der wohl größte bürgerliche Humanist seiner Zeit, Leonardo Bruni (nach seiner Heimatstadt auch Aretino genannt), ein erklärter Feind des Cäsarismus, der in anderen Republiken die Oberhand gewonnen hatte und auch in seiner eigenen Stadt an die Macht strebte. Bruni setzte sich dafür ein, den traditionellen Ursprungsmythos der Stadt Florenz zu revidieren. Florenz sei kein früheres Heerlager der Soldaten Cäsars gewesen, sondern habe seinen Ursprung in einer älteren Siedlung römischer Legionäre, deren Freiheitsbedürfnis von den Überlebenden autonomer etruskischer Ansiedlungen bestärkt wurde, mit denen sie sich vermischt hatten und die wiederum deren Vorläufer gewesen waren. Als Redner, Republikaner und florentinischer Patriot war Bruni ein seltenes ciceronisches Beispiel für einen erfolgreichen Fürsprecher des Allgemeinwohls. Nachfolgendes zum Beispiel stammt aus seiner *Leichenrede auf Nanni Strozzi (Oratio in funere Johannis Strozzae)*:

> Die Verfassung, welche wir für die Regierung der Republik anwenden, ist dazu bestimmt, die Freiheit und Gleichheit tatsächlich aller Bürger sicherzustellen [...]. Wir zittern nicht unter der Herrschaft eines Einzelnen, der über uns gebietet, noch sind wir Untertanen einiger Weniger. Unsere Freiheit gilt gleichermaßen für alle, sie ist nur durch die Gesetze beschränkt und bar aller Furcht. Die Hoffnung, ein Amt bekleiden zu können und selbst aufzusteigen, gilt für alle [...]. Tugend und Rechtschaffenheit sind für die Bürger unserer Stadt Gebot. Von jedem, der diese beiden Eigenschaften besitzt, darf angenommen werden, dass er dazu bestimmt ist, diese Republik zu führen.

Bruni wusste sehr genau, dass die Stabilität einer Republik von mehr als bloß der prinzipiellen Gleichheit (*isonomia*) abhing. Auch in seiner *Lobrede auf die Stadt Florenz* schreibt er: »Erfolgreich waren wir darin, *Ausgleich* zwischen den Gruppen in unserer Stadt zu schaffen, und zwar so, dass wir innerhalb der Republik allüberall Harmonie herzustellen vermochten.« [Hv. M. S.] Die Republik Florenz überlebte nicht deshalb, weil sie den Zusammenstoß gegensätzlicher Interessen vermeiden wollte, was den Republikanismus in anderen Städten zu Fall gebracht hatte, sondern weil sie diesen Konflikt institutionalisierte.

Erst Machiavelli allerdings erhob mit großem Erfolg den egoistischen Wettstreit auch zur Tugend. Er erklärte ihn kurzerhand zu einem konstitutionellen Mittel, das Zwietracht in Wohlstand und Freiheit verwandelt. Machiavelli war es, der die bürgerliche Tugend auf den »Boden der Tatsachen« zurückholte. Ich sage das, weil so viele Machiavellis Denken als »Realismus« beschreiben. Sie behandeln seine sophistische Einbildungskraft so, als handle es sich letztlich um eine faktisch gegebene Grundlage, dass – wenigstens in Krisenzeiten – die düstere Natur des Menschen sich gegenüber Gerechtigkeit und Moral durchsetzt. Nicht nur in *Der Fürst*, sondern auch im republikanischen Gewand der *Discorsi* unterläuft Machiavelli radikal den früheren Glauben an den gesellschaftlichen Frieden als notwendiger Bedingung staatsbürgerlicher Größe. Die Überschrift des vierten Kapitels des ersten Buches der *Discorsi* lautet: »Die Auseinandersetzungen zwischen Volk und Senat der Römer brachten der Republik Freiheit und Macht«. Diejenigen, die diese Konflikte bekritteln, meint Machiavelli, schenken dem Aufruhr zu viel Aufmerksamkeit und vernachlässigen dabei die Freiheiten, die dieser jeweils mit sich brachte. Alle Republiken sind von den Auseinandersetzungen zwischen dem gemeinen Volk und den privilegierten Klassen geprägt und »alle zu Gunsten der Freiheit entstandenen Gesetze nur diesen zu danken«. Wenn nun dieses »machiavellistische Moment«, wie John Pocock bekanntlich dargelegt hat, auch eine neue Zeitlichkeit der Zufälle und des Wandels in die Menschheitsgeschichte einführt, indem er das allgemein akzeptierte, ewige und von Gott geordnete Universum der christlichen Weisheit durcheinanderbringt, so zeigt sich doch eine Kontinuität: die immerwährende und durchgängige Vorstellung vom Menschen als einem selbstgefälligen Wesen, was auch Machiavelli für die unvermeidliche Grundlage der Politik hielt.

Selbst in *Der Fürst* ist die entscheidende Motivation für das gerissene moralische Verhalten, das Machiavelli den Regierenden empfiehlt, die immer gleichbleibende Unmoral ihrer Untertanen. Nur durch ihr eigenes falsches Spiel können die Fürsten mit denjenigen mithalten, die man im Großen und Ganzen als »undankbar, wankelmütig, unaufrichtig, heuchlerisch, furchtsam und habgierig« bezeichnen darf. Ähnliche Vorschläge unterbreitete auch sein Landsmann Francesco Guicciardini: »Die Schlechtigkeit der Menschen kann nicht ohne Härte regiert werden. Doch man muß sich ihr gegenüber listig verhalten.« In den *Discorsi* schließlich wird es bei Machiavelli überdeutlich:

> Alle, die über Politik schrieben, beweisen es, und die Geschichte belegt es durch viele Beispiele, daß der, welcher einem Staatswesen Verfassung und Gesetze gibt, davon ausgehen muß, daß alle Menschen schlecht sind und daß sie stets ihren bösen Neigungen folgen, sobald sie Gelegenheit dazu haben.

Im republikanischen Kontext jedoch kann dieser tückische Egoismus eine positive Funktion haben. Machiavelli behauptet, dass, wenn man das freie Spiel der Einzelinteressen zulasse, man sogar die antike Frage beantworten könne, wie für das Gemeinwohl gesorgt werden soll – doch seine Antwort bettelte hier wohl eher nach der Frage. Vorbilder für die bürgerliche Tugend wird man durch gute Erziehung erlangen, sagt er, und gute Erziehung erreiche man durch gute Gesetze, die wiederum aus genau den Konflikten entstehen, die von so vielen verdammt werden. Wie aber können Gesetze den Tumulten des Eigennutzes entspringen – gerade wenn diese sich bloß der negativen Ausgangslage verdanken, dass der Pöbel sich schlicht weigert, den Herrschaftsansprüchen der Adligen zu gehorchen, wie Pocock ausführt?

Wie dem auch sei – ein zusammenhängendes Ganzes, das aus sich heraus dazu imstande war, Zwiste zu schlichten, wurde in den Republiken der Renaissance nicht in dem Maß erreicht, wie es sich auf der höheren Ebene des Kosmos durchzusetzen begann. In seinem Werk *Von der Natur der Dinge* (*De rerum natura*, 1565) erklärt Bernardino Telesio den Egoismus zum Universalprinzip des Spiels der Kräfte in der Natur und der kosmischen Ordnung. Telesio bewies, dass für den Fall, dass Anaximander niemals gelebt, die Renaissance ihn hätte erfinden müssen. »Es steht unzweifelhaft fest,« schreibt er, »dass die Natur vom Eigennutz angetrieben wird.« Wie im Universum des Anaximander werden auch bei Telesio alle Dinge durch das Zusammenspiel von einander entgegengesetzten, elementaren Eigenschaften hervorgebracht – das Warme und Kalte wird bei ihm von der Sonne und der Erde ausgestrahlt – und die Körper, die sich aus diesen Elementen zusammensetzen, fallen übereinander her, um ihr eigenes Sein durch diese egoistischen Machenschaften zu verwirklichen. Alles Seiende, sei es belebt oder unbelebt, ist mit sinnlichen Fähigkeiten ausgestattet und reagiert deshalb mit Lust und Schmerz aufeinander, um dadurch selbst an Stärke zu gewinnen. »Nicht der blinde und sinnlose Wandel ist es daher, welcher die Naturen in beständigen Widerstreit führt. Sie alle begehren im äußersten Maße sich selbst zu erhalten; mehr noch, sie streiten, um zu wachsen und das ihnen Unterworfene zu mehren [...].«

Aber anders als Anaximander, geht Telesio nicht davon aus, die Konflikte könnten durch einen Sinn für Gerechtigkeit beigelegt werden. Die Tugend stößt auf den harten Fels der Selbstverherrlichung, die eine sich selbst gestaltende Welt erschafft. Ist die Welt dann organisiert, scheint es so, als habe eine »unsichtbare Hand« dies getan. Für Amos Funkenstein war Telesio einer der Ersten, die diesem Konzept politisch, ethisch und naturwissenschaftlich Ausdruck verliehen haben. Doch abgesehen von der Tatsache, dass Anaximander ihm um etwas mehr als 2000 Jahre voraus war, ist es auffällig und offensichtlich, dass Lehrmeinungen wie die von der »unsichtbaren Hand« üblicherweise von den verschiedensten Regimen – politischen, ökonomischen, kosmologischen oder körperlichen – gebildet werden, die auf den Gegensätzen eigennütziger Parteien beruhen. Zum anderen gilt für die politischen Formen dieses Genres, dass die Verschmelzung von privaten Interessen und dem kollektiven Guten meist nur unter der kontingenten Bedingung einer äußeren militärischen Bedrohung wahrscheinlich wird. Fehlender externer Wettbewerb muss sich ja der ungewissen Taktik bedienen, dass die Wahrung der Interessen der anderen die beste Verteidigung der eigenen sein dürfte:

So Eigenliebe trieb durch Dick und Dünn
für *eines* Menschen Ehrgeiz, Lustgewinn:
Dieselbe Eigenlieb' als aller Kraft
ist's, die Regierung und Gesetze strafft
[...]
Sie lehrten Volk und König Macht-
gebrauch,
daß nicht zu schlaff noch straff die Saiten
auch,
zu'nander lang und kurz gesetzt so eng,
daß eine kommt der andern an die Sträng',
bis disharmonisches Int'resse hat
den rechten Klang von Harmonie im Staat.

Schon vor Alexander Pope hat die englische Renaissance bestechende Formulierungen für die mögliche Beseitigung missliebiger Interessen durch die Alternative der Monarchie gefunden (und auch bessere Dichtung hervorgebracht). Erinnerte Telesios sich selbst regulierendes Universum an Anaximander, so beschwor das Elisabethanische Zeitalter das Bild eines hierarchischen, aristotelischen Kosmos herauf – ein Bild, das Eustace Tillyard so beschreibt:

> Es war eine ernsthafte Angelegenheit und nicht bloß hochtrabendes Gerede, wenn ein Autor des Elisabethanischen Zeitalters Elisabeth mit dem *primum mobile*, dem ersten Beweggrund des Universums und der alles beherrschenden höchsten Sphäre, verglich. Jede Aktivität innerhalb ihres Reiches und alle vielfältigen Bewegungen in allen anderen Sphären wurden bis hin zum letzten Partikel von ihr beeinflusst.

Ein Paradebeispiel für das, was ich in diesem Buch behandle, liefert aber die lange Rede des Ulysses aus Shakespeares Drama *Troilus und Cressida* (1. Akt, 3. Szene). Sie schildert das Chaos, das sowohl in der Gesellschaft als auch im Kosmos entfesselt wird, wenn gegensätzliche Mächte aufeinandertreffen und diese nicht durch monarchische Regierung unter Kontrolle gebracht werden. Alles erinnert an Thukydides, wenn dieser von der *stasis* berichtet – aufgerufen werden das überall im Hintergrund waltende Böse, das ungezügelte Durcheinander, die Machtgelüste, der Vatermord, das Recht des Stärkeren, die Überschreitung aller Grenzen und sogar die korrumpierten Worte selbst. Shakespeares Text beinhaltet alle Elemente des alten abendländischen Albtraums von der ursprünglichen Anarchie; und er liefert auch eine politische Lösung, wie diese durch souveräne und herrschaftliche Autorität beendet werden soll. Ich erlaube mir daher, ausführlich zu zitieren:

> Die Himmel selbst, Planeten und dies Zentrum
> Reihn sich nach Abstand, Rang und Würdigkeit,
> Beziehung, Jahreszeit, Form, Verhältnis, Raum,
> Amt und Gewohnheit in der Ordnung Folge.
> Und deshalb thront der majestät'sche Sol
> Als Hauptplanet in höchster Herrlichkeit
> Vor allen andern; sein heilkräftig Auge
> Verbessert den Aspekt bös'artger Sterne

Und trifft, wie Königs Machtwort,
allbeherrschend
Auf Gut' und Böses. Doch wenn die
Planeten
In schlimmer Mischung irren ohne Regel,
Welch Schrecknis! Welche Plag' und
Meuterei!
Welch Stürmen auf der See! Wie bebt die
Erde!
Wie rast der Wind! Furcht, Umsturz,
Gram und Zwiespalt
Reißt nieder, wühlt, zerschmettert und
entwurzelt
Die Eintracht und vermählte Ruh' der
Staaten
Ganz aus den Fugen! Oh, wird die Rang-
ordnung,
Die Leiter aller hohen Plän', erschüttert,
so krankt die Ausführung.
[...]
Tilg Rangordnung, verstimme *diese* Saite
Und höre dann den Mißklang! Alles träf'
Auf offnen Widerstand. Empört dem
Ufer
Ergössen sich die Wasser übers Land,
Daß sich in Schlamm die feste Erde löste;
Macht würde der Tyrann der blöden
Schwäche,
Der rohe Sohn schlüg' seinen Vater tot;

Kraft heißt Recht – nein, Recht und
Unrecht, deren
Endlosen Streit Gerechtigkeit vermittelt,
verlören, wie Gerechtigkeit, den Namen.
Dann löst sich alles auf nur in Gewalt,
Gewalt in Willkür, Willkür in Begier.
Und die Begier, ein allgemeiner Wolf,
Zwiefältig stark durch Willkür und
Gewalt,
Muß dann die Welt als Beute an sich
reißen,
Und sich zuletzt verschlingen.

Gründerväter

Als am 6. März 1775 der Festredner des Tages, Dr. Joseph Warren, bei der Gedenkfeier zum fünften Jahrestag der sogenannten Boston Massacres im Old South Meeting House das Podium betrat, trug er eine römische Toga. Zweifellos verstand das Publikum, worauf Warren mit seinem Aufzug hinauswollte, denn es hatte schon seine Erfahrungen mit derartigen Verdoppelungen von Geschichte und Identität mit anderen Anführern des amerikanischen Aufstands sammeln dürfen. Man denke nur an John Adams und daran, was er nach der Lektüre von Thukydides und Tacitus vermerkte: »Mir scheint, ich lese die Geschichte meines eigenen Zeitalters und meines eigenen Lebens.« Zahlreiche Gründerväter schrieben unter Pseudonymen über klassische Autoren, die nach politischer Einstellung oder dem Anlass entsprechend gewählt wurden. Da wir gerade von Thukydides sprachen, darf man als Beispiel Alexander Hamilton anführen, der sich bei seiner Attacke gegen die Franzosen, die gerade New Orleans eingenommen hatten, »Perikles« nennt und damit auf die Rede des attischen Staatsmanns anspielt, als dieser zum Krieg gegen Sparta aufrief. Thomas Jefferson fürchtete vorausahnend, dass der Streit über die Sklaverei möglicherweise auf ein amerikanisches Remake des Peloponnesischen Krieges hinauslaufen könnte, wobei der am Handel orientierte Norden die Rolle der Athener übernehmen würde und der agrarisch orientierte Süden die der Spartaner, die sich ihre Heloten hielten. Carl Richard merkt in seinem Buch, das sich mit den Beziehungen der amerikanischen Gründerväter zur klassischen Tradition befasst, an: »Das Studium der Vergangenheit war nicht bloß Hobby mit antiquarischer Absicht. Die Vergangenheit war in ihrer individuellen und gesellschaftlichen Bedeutung lebendig. Ihr Verständnis [das der Gründerväter, A. d. Ü.] von dieser lebendigen Vergangenheit formte ihre Persönlichkeiten.«

Besonders prägend für die Gründerväter war ihre Lektüre der antiken Bürgerkriege in Griechenland und Rom; mit all den damit einhergehenden Gräueln, derer die menschliche Natur sich fähig zeigte und die bei diesen Konflikten zum Vorschein kamen. In derselben Schrift, in der sich John Adams Thukydides' Bericht über Kerkyra widmete, gab er sich große Mühe, den Katalog von Massakern einzuarbeiten, den David Hume aus Diodors *Griechischer Weltgeschichte* zusammengestellt hatte. Adams folgert daher auch für Amerika: »Die menschliche Natur ist heute ebenso wenig im Stande, eine Revolution geduldig und besonnen, oder ohne Raserei und Wahnsinn, durchzustehen – ganz genau so, wie es auch bei den Griechen vor langer Zeit der Fall war.« Adams allgemeiner historiografischer Ansatz zur klassischen Antike läuft daher auf Folgendes hinaus: »Die Geschichte Griechenlands sollte für unser Land das sein, was viele Familien auf dem europäischen Festland ein Boudoir heißen. Ein achtseitiger Raum des Hauses, mit jeweils einem großen Spiegel an jeder der Wände und einem an der Decke.« Hätte Thomas Jefferson in einem solchen Boudoir gestanden, dann hätte er nicht nur ein umfassendes Bild seines eigenen amerikanischen Selbst erblickt, sondern er wäre auch seiner eigenen Vision der Ähnlichkeit zwischen den antiken Klassenkämpfen und denen, die zu seiner Zeit die amerikanische Republik erfassten, gewahr geworden. »Dieselben politischen Parteien, die heute in den U. S. aufrühren, hat es zu jeder Zeit gegeben,« schreibt er, »ganz gleich ob die Mächte des Volkes oder die *aristoi* den Sieg davontrugen, in Griechenland oder Rom herrschte ewiger Aufruhr.« (Wie wir bereits gesehen haben, ging es hier um ebenden »Aufruhr«, von dem auch Thukydides sprach.) Auf gleiche Weise argumentiert Alexander Hamilton (in den *Federalist Papers*, Nr. 9):

> Es ist unmöglich, die Geschichte der kleinen griechischen und italienischen Republiken zu lesen, ohne Schrecken und Widerwillen über die Wirrnisse zu empfinden, die sie unentwegt erschüttert haben, und über die schnellen Abfolgen von Revolutionen, durch die sie in einem Zustand ständigen Schwankens zwischen den Extremen Tyrannei und Anarchie gehalten wurden.

Das trostlose Bild von der menschlichen Natur, das die Gründerväter von der antiken Geschichtsschreibung übernahmen, wurde durch die christliche bzw. calvinistische Tradition des gefallenen Menschenwesens, und besonders durch die revidierte Fassung dieses Themas durch Hobbes, ergänzt. Im Allgemeinen und im Speziellen diskutierte James Madison (in den *Federalist Papers*, Nr. 10) folgende These: »Die verborgenen Ursachen für die Entstehung von Parteiungen liegen also in der menschlichen Natur.« Das wiederum geht zurück auf Aristoteles' ausführliche Analyse der gesellschaftlichen Konflikte im fünften Buch seiner *Politik* (wo er ebenfalls auf den Aufstand von Kerkyra anspielt).

Auch ungeachtet solcher Beiträge aus der Antike wurde die amerikanische Republik nach Auffassung einer alten und angesehenen Tradition in den Geschichtswissenschaften, die auch Richard Hofstadter, Robert Dahl, Horace White und Charles Beard vertreten, auf Grundlage einer »pessimistischen« oder »bitteren« Sicht auf die menschliche Natur begründet, die man üblicherweise als »hobbesianisch« bezeichnet. (Eine andere, häufig ins Spiel gebrachte Charakterisierung lautet »realistisch«, was dann ironischerweise den Illusionen, die sich die Gründerväter über die menschliche Verdorbenheit machten, einen wissenschaftlichen Anstrich verleiht.) In einer einflussreichen Diskussion zu diesem Thema pflichtete Hofstadter Whites Feststellung bei, dass die USA auf Grundlage der Philosophie von Hobbes und der religiösen Überzeugungen von Calvin errichtet wurden, was nichts anderes heißt, als von der Annahme auszugehen, dass der Naturzustand der Menschheit ein Kriegszustand sei und die menschliche Seele von Natur aus mit dem Guten auf Kriegsfuß stehen muss. Auch wenn er dies nicht offen zum Ausdruck brachte, zollte Madison doch ganz klar Hobbes seine Reverenz, wenn er als berüchtigter Absolutist dessen These über den Ursprung der Regierung in den *Federalist Papers* Nr. 51 paraphrasierte:

> Von einer Gesellschaftsform, bei der die stärkere Parteiung sich ohne Schwierigkeiten vereinen und die schwächere unterdrücken kann, kann man wahrhaft sagen, daß in ihr die Anarchie ebenso herrscht wie im Naturzustand, in dem der Schwächere nicht vor der Gewalt des Stärkeren geschützt ist. Wie nun im Naturzustand sogar die Stärkeren aufgrund der Unsicherheit ihrer Lage dazu veranlaßt werden, sich einer Regierung unterzuordnen, die die Schwachen genauso wie sie selbst zu schützen vermag, so werden im erstgenannten Zustand die mächtigeren Cliquen oder Parteien aufgrund eines ähnlichen Motivs allmählich dazu gebracht werden, sich nach einer Regierung zu sehnen, die alle Parteien schützt, die schwächeren ebenso wie die stärkeren.

Selbstverständlich argumentiert Madison anders, als es ein absolutistischer Herrscher tun würde, wenn er mit einer Wendung fortsetzt, die sich als die berühmteste Passage der *Federalist Papers* erweisen sollte:

> Man muß dafür sorgen, daß Ehrgeiz dem Ehrgeiz entgegenwirkt. [...] Es mag ein Ausdruck des Mangels der menschlichen Natur sein, daß solche Kniffe notwendig sein sollen, um den Mißbrauch der Regierungsgewalt in Schranken zu halten. Aber was ist die Tatsache, daß Menschen eine Regierung brauchen, anderes als der deutlichste Ausdruck des Mangels der menschlichen Natur? Wenn die Menschen Engel wären, wäre keine Regierung notwendig.

In den ebenso berühmten Worten von Thomas Paine aus seinem *Common Sense*, das sich auf eine eher christliche als hobbesianische Verdammung der Menschheit bezieht, heißt es ganz ähnlich: »Wie die Kleidung, so ist auch eine Regierung das Kennzeichen der verlorenen Unschuld; die Paläste der Könige sind auf den zerstörten Hütten des Paradieses erbaut [...].« Paine vertrat auch die Meinung, dass »eine Gesellschaft aus unseren Bedürfnissen« entstehe, »eine Regierung wegen unserer Schlechtigkeit«. Was dann allerdings wiederum im Widerspruch zur Annahme steht, dass unsere Schlechtigkeit unseren Bedürfnissen und Lüsten entspringt.

Hofstadter stellte fest, dass für die Gründerväter »ein menschliches Wesen ein Atom voller

Eigeninteresse war«, was tatsächlich viele ihrer Äußerungen bestätigen. Worin auch immer ihre Unstimmigkeiten zu Föderalismus und dem Schutz der individuellen Freiheiten gelegen haben mögen, die Väter der Verfassung hielten sich doch im Grunde an das Diktum Hamiltons (das dieser von David Hume entliehen hatte), dass bei der »Errichtung jedweder Form von Regierung unterstellt werden muss, dass man es bei den Menschen mit Schurken zu tun hat«. Schon Benjamin Franklin hat in der Bundesversammlung angemerkt: »Es gibt zwei Leidenschaften, die mächtigen Einfluss auf die Angelegenheiten der Menschen haben. Es sind Ehrgeiz und Habgier: Die Liebe zur Macht und die Liebe zum Gelde.« Immer wieder wird in den Debatten zur Verfassung die Notwendigkeit verhandelt, die menschliche Habgier zu kontrollieren – eine Habgier, die oft im menschlichen Herzen verortet wird. »Sieht man sich die Geschichte der Menschheit an,« schreibt Hamilton (in den *Federalist Papers*, Nr. 34), »ist man zu dem Schluß genötigt, daß die kriegerischen und zerstörerischen Leidenschaften das menschliche Herz mit viel größerer Macht regieren als die sanften und friedlichen Gefühle.« In dieselbe Kerbe schlägt William Lenoir, Politiker und Offizier im Unabhängigkeitskrieg, in den Debatten um die Ratifizierung in North

Carolina: »Wir müssen die Verderbtheit der menschlichen Natur in Rechnung stellen, den alles beherrschenden Durst nach Macht, der im Busen eines jeden einzelnen schwillt.« (Mein lieber Mann! Was wurde eigentlich aus der Milch der Menschenfreundlichkeit?)

Ein Großteil dieses sogenannten Realismus wurde von den Mitgliedern der besitzenden Klasse gegen die unbändigen Massen in Anschlag gebracht. Sie stimmten mit Madison (und Locke) darin überein, dass die Sicherung des Besitzstandes oberste Aufgabe einer Regierung sei. Hier haben wir also den Klassengegensatz zwischen dem gemeinen Volk und den *aristoi*, den Jefferson durch die Jahrhunderte hinweg bestehen sah. Neben den alten Grundbesitzern umfasste die neue amerikanische Aristokratie auch die Wirtschafts- und Finanzgrößen der Städte. Viele von ihnen hatten eine Heidenangst vor einer Bewegung der Armen im Namen von Freiheit, Gleichheit und Demokratie, die sich gegen ihren Reichtum und ihre Privilegien formierte. Die Forderung nach Schuldenerlass – eine Angelegenheit, die im weiteren Verlauf zu Shays' Rebellion führen sollte –, die Bedrohung der bestehenden Besitzverhältnisse durch Volksregierungen, die weit verbreitete Forderung nach gerechter Aufteilung derselben und nicht zuletzt der Rausch des Papiergeldes:

Eine solche »Raserei der Demokratie« müsse unterbunden werden, teilte Edmund Randolph der Generalversammlung mit. Obwohl allgemein anerkannt war, dass das Volk der Souverän ist, wurde doch mehr oder weniger die Einschränkung gemacht, dass es auf keinen Fall regieren solle. Ganz im Gegenteil bedurfte das Volk selbst der Anleitung und Führung: etwa durch das Dreikammernsystem einer Mischregierung, die nach dem Vorbild von Polybios gestaltet war und von Adams und Hamilton bevorzugt wurde. Dort sollte die »natürliche Aristokratie« des Senats, dessen Sitze unter Umständen auch auf Lebenszeit vergeben wurden, das bürgerliche Unterhaus in Schach halten. Einige der Gründerväter, wie zum Beispiel Gouverneur Morris, vertraten sogar zeitweilig die Meinung, dass nur eine Monarchie diesem Anspruch genügen könne. Dennoch war der Gegensatz einer vom Volk ausgehenden Herrschaft und der damaligen Demokratie nur ein Aspekt des weitaus größeren Widerspruchs zwischen der Angst der Gründerväter vor einem naturgegebenen, raublustigen Eigennutz und ihrem Wunsch, als Männer mit Besitz und Unternehmergeist, gerade diesen Eigennutz auch in der Verfassung zu verankern.

Selbstverständlich wurde als Lösung dieses Zwiespalts der Ausgleich der antithetischen

Kräfte gefordert. Man darf an dieser Stelle die Formulierungen von John Adams wiederholen: Macht muss der Macht entgegengesetzt werden und Anspruch dem Anspruch. Man kann Leidenschaften, Ansprüchen und Macht nur mit Leidenschaften, Ansprüchen und Macht beikommen. Der Glaube der Gründerväter an die Wirksamkeit des Machtausgleichs war beinahe bedingungslos. Das war möglicherweise auch der Grund, warum seine Einführung in die Regierung und Staatsführung immer umstritten blieb, meistens unklar und manchmal völlig illusorisch schien. Im Jahr 1814, drei Jahrzehnte nach der Ratifizierung der Verfassung, benannte Adams acht verschiedene Möglichkeiten des Ausgleichs. Manche von ihnen entsprachen den bekannten Kontrollinstanzen einer Regierung, in anderen wiederum standen sich die einzelnen Staaten einer Föderalregierung gegenüber oder das Volk in alle zwei Jahre stattfindenden Wahlen seinen Repräsentanten oder das gesetzgebende Parlament dem Senat und so weiter. Alle diese Vorschläge verfolgten zwar die Absicht, eine mögliche Tyrannei zu unterbinden, und sollten, wenn schon nicht umgekehrt, die Bevölkerung vor der Macht des Staates schützen, doch keine von ihnen entsprach tatsächlich dem Ideal einer Mischverfassung, bei der jedes Partei- oder Klasseninteresse, etwa in den unterschiedlichen Abteilungen der Gesetzgebung, paritätisch vertreten sein sollte.

Nachdem in der Verfassung vorgeschlagen wurde, das Repräsentantenhaus, den Senat und den Präsidenten direkt oder indirekt vom Volk wählen zu lassen, war es in der Tat so, dass viele der Delegierten, die an den Ratifizierungsverhandlungen teilnahmen, schon absehen konnten, dass der erwünschte Ausgleich zwischen den Regierungsmächten und den Klassen nicht stattfinden würde. Tief bestürzt hielt Patrick Henry auf dem Konvent von Virginia eine leidenschaftliche Rede gegen eine Verfassung, die darauf verzichtet, den wesentlichen Richtwert der politischen Macht zu berücksichtigen: die Eigenliebe, die in allen Zeitaltern in jedem menschlichen Herz – wo auch sonst? – fortlebt.

> Man erzähle mir nichts von Kontrollen auf dem Papier. Was zählt sind die Maßstäbe, die aus der Eigenliebe resultieren. Die englische Regierung basiert auf der Eigenliebe. Dieser mächtige und unwiderstehliche Antrieb der Eigenliebe hat deren Regierung gerettet. Er hat sich zwischen den Erbadel des Königs und die Bürger gestellt [...]. Man vergleiche dies nun mit den Maßstäben unseres Kongresses. Ich ersuche sie daher dringend, meine

> Herren, zu bedenken, ob sie denn tatsächlich sagen können, wenn sie so sehr der Macht vertrauen, dass die bloße patriotische Bekundung genauso wirksam und effektiv sein wird, wie der Maßstab der Eigenliebe [...]. Wo finden wir denn den Fels unseres Heils? Der wahrhafte Fels unserer politischen Rettung ist die Eigenliebe, die sich durch die Zeitalter hindurch in den menschlichen Herzen fortpflanzt und sich in all ihren Handlungen zum Ausdruck bringt.

Madison behauptet, dass die Verfassung keine Mischregierung zuwege gebracht habe, wie es sich Adams, Hamilton, Henry und andere gewünscht hatten, er weist aber auch darauf hin, dass sie immerhin den Vorteil in sich barg, Ansprüche durch Gegenansprüche auszugleichen. Repräsentation führe zu einer Art Pattsituation zwischen den Ständen. Bauern, Handwerker, Händler und so weiter seien im Wettbewerb vereint. Dieser Wettbewerb würde darüber hinaus umso besser funktionieren, je größer ein Land sei und je unterschiedlicher die Einzelinteressen. Jede Region kann gegen eine andere ausgespielt werden, kein Lager erringt die Mehrheit und kann deshalb auch nicht die anderen übervorteilen. Expansion als Kur gegen den

»Geist der Uneinigkeit«. Das war aber schon für den kontinentalen Imperialismus ein feines Argument gewesen. Ein anderer Beweisgrund sollte sein, dass die Erschließung landwirtschaftlicher Gebiete einen großen Kader von Mittelständlern erzeugen würde – im Sinne der aristotelischen Idee von der tonangebenden Mittelschicht –, die dann durch ihre besondere Stellung die Ambitionen der Reichen und die Ressentiments der Armen austarieren könnten. Bereits damals entstand die Überzeugung, dass die Amerikaner im Großen und Ganzen gleichgestellt sein sollten, so wie heute etwa jedermann meint, zur »Mittelschicht« zu gehören – ausgenommen die 19 Prozent der Bevölkerung, die glauben, dass sie zu den oberen Ein-Prozent-Jahreseinkommen gehören.

Die Frage, welche Tugend außer der Eigenliebe einen Staat stützen könne, stand trotzdem im Raum. Was dient dem Gemeinwohl? Zumindest in einer Hinsicht befand sich die neue Republik bei der Beantwortung dieser Frage in einer besseren Position als ihre historischen Vorgänger, da der Egoismus nicht länger als etwas Schändliches betrachtet wurde, wie das noch die alte Theologie getan hatte. Das Problem schien sich mittels folgender Formel aufzulösen: Haben wir unser eigenes Interesse am Gemeinwohl, so haben wir auch ein gemeinsames Interesse am Eigennutz. Der rationalistischen Interpretation David Humes zufolge darf man von den Menschen erwarten, dass sie freiwillig ihr persönliches Wohl zugunsten des kollektiven Wohls zurückstellen werden, da bei einem Rückfall in die Anarchie die Gefahr droht, gleich alles zu verlieren. (Hume ist der Ansicht, dass die Begierde der Menschen, Güter zu erlangen, »unersättlich, andauernd, allgemein verbreitet« und für die Gesellschaft insgesamt zerstörerisch sei – nichtsdestotrotz sei es weitaus besser, sich an diese Begierden zu halten, als in den »einsamen und verlassenen« Zustand zurückzufallen, »der die notwendige Folge der Gewalttätigkeit und allgemeinen Ungebundenheit wäre«.) Geht man davon aus, dass Menschen durch Furcht zur Vernunft gebracht werden, dann stellt das eine pseudohobbesianische Lösung dar. Dass diese tatsächlich funktioniert, ist allerdings unwahrscheinlich, weil sie doch Hobbes' eigenem widersprüchlichen Urteil unterliegt, dass – anders als in der Mathematik, wo Wahrheit und Interesse nicht im Widerspruch zueinander stehen – für jede dogmatische Aussage, die durch Leidenschaft motiviert ist, gilt:

> Hingegen ist in der dogmatischen Wissenschaft nichts vorhanden, was unbestritten

> wäre, und dies hat darin seinen Grund, daß sie darauf ausgeht, *Menschen* zu vergleichen, und sich so in ihr Recht und ihren Vorteil hineinmengt. Denn in Bezug darauf kann man sagen: *sooft als Vernunft wider den Menschen ist, sooft wird der Mensch wider die Natur sein.*

Dem sich entwickelnden Kapitalismus wesensverwandter war da schon die Alternative, die Adam Smith kurz vor der amerikanischen Revolution ins Spiel brachte. Dem Kollektivinteresse sei auf ganz natürliche Weise wie durch die berühmte unsichtbare Hand gedient, wenn sich jeder ausschließlich um den eigenen Vorteil kümmert. Das scheint die Glaubensüberzeugung gewesen zu sein, die John Marshalls Antwort auf Henrys Forderung nach Eigenliebe in den Ratifizierungsverhandlungen von Virginia zu Grunde lag:

> In diesem Lande gibt es keinen vornehmen Stand der Interessen. Die Ansprüche der Gesellschaft sind gemischt und stehen untrennbar mit den einzelnen Individuen in Zusammenhang. Betreibt ein Bürger sein eigenes Wohlergehen, dann betreibt er damit das Wohlergehen der Gemeinschaft. Wenn wir nach dem gemeinsamen

> Wohlergehen fragen, dann fragen wir nach unserem eigenen. Wo er [Henry] einen Prüfstein zu finden wünscht, so wird er hier überreichlich von ihnen finden.

Indem sie einen wohltätigen *nómos* aus der asozialen *physis* heraus gründen wollten, reichte der Klassizismus der Gründerväter wahrscheinlich tiefer, als ihnen selbst bewusst war. Doch statt sich auf die Hoffnung zu verlassen, dass sich die Bürgertugend ganz von allein aus den jeweiligen persönlichen Lastern entwickeln würde, beharrten manche auf einem Kollektivinteresse, das auf Nationalismus und Patriotismus fußte. Da diese am besten im Krieg und durch imperiale Expansionspolitik gedeihen, konzentrierten sie sich mehr auf die Außenpolitik der neuen Republik und weniger auf die Vorgänge in ihrem Inneren. Wenn Hamilton in den *Federalist Papers* wiederholt darauf besteht, dass es keine vermittelnden Körperschaften zwischen der Bundesregierung und den Einzelpersonen geben soll, dann argumentierte er damit nicht einfach gegen die Souveränität der Bundesstaaten. Es zeichnet sich hier etwas Neuartiges ab, wenn eingemahnt wird, dass die »Regierung der Union [...] in der Lage sein [muß], sich den Hoffnungen und Befürchtungen der einzelnen Menschen unmittelbar zuzuwenden und zu ihrer Unterstützung jene Leidenschaften heranzuziehen, die den stärksten Einfluß auf das Herz der Menschen ausüben«. Neu war der durchgängige Nationalismus: Die Nation soll sich mit dem Leben der Einzelnen derart innig verschränken, dass die Menschen sich von ihr verkörpert fühlen.

Man könnte meinen, dass für eine derartige Subjektivität der Nationalismus eine Form politischer Verwandtschaft darstellt. Wie in verwandtschaftlichen Verhältnissen lässt sich auch hier eine wechselseitige Prädikation nachweisen, die zwischen den Einzelpersonen und ihrem Land wirkt. (Dem entspricht auch die Etymologie des Wortes »Nation«. Vom lateinischen *natus* [›geboren‹] bzw. dem älteren *gnatus* [›Erzeuger‹, ›König‹] leitet sich die »blutmäßige Einheit des Volkskörpers her«.) Zur selben Zeit etwa, als Hamilton sein Plädoyer für den Nationalismus hielt, äußerte Edmund Burke Gleiches in Bezug auf England – allerdings in monarchistischer Tonlage. Um die Erbmonarchie zu rechtfertigen, stellte er fest: »Unsere ganze Staatsorganisation hat das Ansehen einer Blutsverbindung erhalten, dadurch, daß wir die Konstitution unseres Landes mit unseren teuersten häuslichen Banden verflochten, dadurch, daß wir unsere Fundamentalgesetze in den Schoß unserer Familien aufnahmen.« Hamilton wollte die Republik durch dieselbe Art der Bindung festigen:

> Je stärker sich das Wirken der Autorität des Bundes in der normalen Regierungstätigkeit kundtut, desto mehr gewöhnen sich die Bürger daran, auf sie in den alltäglichen Begebenheiten ihres politischen Lebens zu stoßen; und je vertrauter sie ihrem Denken und Fühlen wird, je mehr sie auf die Dinge einwirkt, die die empfindsamsten Saiten des menschlichen Herzens berühren und seine Triebkräfte in Gang setzen, um so größer ist die Wahrscheinlichkeit, daß sie die Achtung und Zuneigung der Gemeinschaft gewinnt [...]. Daraus ist zu schließen, daß die Ausweitung der Autorität der Union auf sogenannte innerstaatliche Belange diese Autorität und die Zuneigung der Bürger ihr gegenüber eher verstärkt als schwächt [...]. In dem Maß, in dem sie sich über die Kanäle ausbreitet, in denen sich die menschlichen Leidenschaften von Natur aus sammeln, wird sie auf das gewaltsame und gefährliche Mittel des Zwangs verzichten können.

Hier bekämpft nun nicht länger eine Leidenschaft die andere. Die Nation selbst ist die Leidenschaft – die Körperschaften der Politik werden zum politischen Gemeinwesen.

Darüber hinaus wollten die Gründerväter eine ganze Reihe von Verfassungsbeschlüssen durch Vergleiche mit einer natürlichen Ordnung, sei diese nun eine kosmologische oder körperlich-physische, rechtfertigen. Die Wissenschaft gab ihnen diesbezüglich bereits eine Kosmologie an die Hand, die einer sich selbst verwaltenden Republik entsprach. Wie Hofstadter zeigt, unterstützte der Wissenschaftsboom des 18. Jahrhunderts, der maßgeblich vom rationalen Kosmos Newtons inspiriert war, mit seinem himmlischen Modell von ausgewogenen und stabilen Kräften die Idee der Gründerväter, eine Regierung auf denselben Grundprinzipien aufzubauen. »Die Menschen hatten eine vernünftige Ordnung im Universum gefunden«, schreibt Hofstadter, »und hofften, diese auch auf die Politik übertragen zu können; oder, wie John Adams es ausgedrückt hat: Regierungen könnten auf Grundlage der ›einfachsten Prinzipien der Natur gebildet‹ werden.« Wir haben bereits gesehen, wie hoffnungsfroh Adams versucht hatte, das Prinzip der ausgeglichenen Körpersäfte auf den gesunden Körper einer Regierung zu übertragen, in welchem sich die politischen Kräfte wechselseitig stützen und in Balance halten sollten.

Tatsächlich beruhten die medizinischen Behandlungsmethoden im kolonialen Amerika noch auf dem Prinzip, das physiologische Gleichgewicht wiederherzustellen – das wurde ganz besonders in den einflussreichen Methoden des Horrordoktors Benjamin Rush deutlich. Dieser sah den Grund aller Krankheiten in einer Überaktivität der Arterienwände, die er weit gefasst als »Fieber« bezeichnete und durch »Aderlass« oder andere Methoden der »Entspannung« heilen wollte. Gewiss ein zuverlässiges Verfahren, hatte man doch nur genügend Blut zu entnehmen, damit sich der Patient auch ganz sicher entspannte – und ohnmächtig wurde. Sogar sein Freund Thomas Jefferson räumte ein, dass Rush viel Leid verursacht habe, auch wenn er überzeugt davon blieb, dass er dabei nur das Beste gewollt habe. Der Engländer William Cobbett betrachtete Rushs Methoden hingegen als eine »der großen Entdeckungen, die dazu beigetragen haben, die Welt zu entvölkern«.

Nun ja. Immerhin erholte sich damals das Prinzip Egoismus – in Europa wie auch in Amerika.

Der Egoismus kommt moralisch wieder auf die Beine

Als etwas ganz Natürliches betrachtet und dazu auserkoren, das gesellschaftliche Gleichgewicht aufrechtzuerhalten, war der Egoismus, der in jeder menschlichen Brust schlug, gegen Ende des 18. Jahrhunderts drauf und dran, für eine richtig gute Sache gehalten zu werden – eine so gute, dass später im 20. Jahrhundert einige behaupten werden, er sei überhaupt das Allerbeste. Selbstverständlich war die Ablösung der Erbsünde durch die kapitalistische Form eines lobenswerten und kalkulierbaren Egoismus nie vollständig. Im Gegenteil hinterließ uns diese Schuldtilgung den kritischen Widerspruch zwischen gesellschaftlicher Moralität und individuellem Eigeninteresse – ein Widerspruch, der auch unter dem Namen »Sozialwissenschaften« bekannt ist. Nichtsdestotrotz trat die alte Selbstgefälligkeit, die allerdings nie ganz das Fluidum der Verderbtheit ablegen konnte, aus dem Schatten ihrer sündhaften Vergangenheit, um eine moralische Position einzunehmen, die sich nun um 180 Grad gewendet hatte. Die singuläre Aufmerksamkeit, die das Individuum seinem eigenen Vorteil schenkt, geriet zur Grundlage der Gesellschaft und war nicht länger deren Erzwidersacher. Somit wurde sie auch zur notwendigen Bedingung beim Nachdenken über den größtmöglichen Wohlstand der Nationen.

Ein solcher Wandel hob mit den Vertretern des »egoistischen Systems« an, dessen prominenter Wegbereiter Montaigne und dessen berüchtigtstes Beispiel Hobbes war. Koryphäen wie Samuel Johnson, Jonathan Swift, Bernard Mandeville und zahlreiche weniger große Denker hatten als Ego-Systematiker in der Tat die radikal-sophistischen Vorstellungen erneuert, denen zufolge hinter allen sozialen Handlungen, auch hinter den scheinbar tugendhaften und mildtätigen, natürliche Begehrlichkeiten nach Macht und Besitz stecken. »Unsere Tugenden sind meist nur verkappte Laster«, lautet das Motto von La Rochefoucaulds viel gelesenen *Maximen*. In Maxime Nummer 563 heißt es zum Beispiel:

> Eigenliebe ist Liebe zu sich selber und zu allen Dingen für sich; sie macht die Menschen zu Anbetern des Götzen Ich und würde sie zu Tyrannen über alle anderen machen, wenn das Schicksal ihnen die Mit-

> tel dazu gäbe [...]. Nichts ist so ungestüm wie ihre Wünsche, nichts so verborgen wie ihre Absichten, und nichts so schlau wie ihre Handlungsweise; ihre Kniffe lassen sich nicht darstellen, ihre Wandlungen übertreffen die Wandlungen der Metamorphosen und ihre Läuterungen die Läuterungen der Chemie [...]. Das ist das Bild der Eigenliebe, deren ganzes Leben in einer einzigen großen Regung besteht.

Gegenüber den Hobbesianern mit ihrem »egoistischen System« gab es zwar auch Verteidiger eines »sozialen Systems« und Vertreter der Idee von der gutartigen moralischen Natur des Menschen. Berühmt war etwa der dritte Earl von Shaftesbury. Aufs Ganze gesehen war die egoistische Ideologie jedoch im Vorteil, da der aufkeimende Kapitalismus den Eigennutz legitimierte. Da sich ja in materieller Hinsicht doch alles immer zum Besten wenden wird, durfte man getrost aufhören, über private Laster zu schimpfen. Zu diesem Schluss kam Mandeville in seiner *Bienenfabel* – den Lehrmeinungen von der unsichtbaren Hand vergangener und noch zukünftiger Zeiten doch sehr ähnlich:

> Klagt nicht, denn daß ein Staat, der groß,
> Auch redlich wird, wünscht Torheit bloß.

Daß man die Wonnen dieser Welt
Genießt und erntet Ruhm im Feld
Und lebt in Wohlstand sündenfrei,
Ist Utopie und Träumerei.
Falsch, Dünkel, Pomp muß existieren,
Da wir von ihnen profitieren[.]

Der Selbstliebe wurde in Form der »glücklichen Schuld« (*felix culpa*) der Ökonomie und des Gemeinwesens in allen Bereichen der Kultur Respekt gezollt. Es war ein äußerst bemerkenswerter Umschwung, als nun dieses Übel der Antike, das die Gesellschaft zu zerstören drohte, von berühmten Philosophen als ihr Ursprung gefeiert wurde. Für Helvétius, Baron d'Holbach, La Mettrie und ihre Anhänger stürzten menschliches Verlangen und Begierde die Menschen nicht in Anarchie, sondern führten sie erst zur Gesellschaft hin. Statt Feindseligkeit schuf der Egoismus Freundschaft – deshalb lautet Helvétius denkwürdige Definition auch: *»aimer, c'est avoir besoin«* (lieben, das heißt brauchen). Die Menschen gehen also Beziehungen zueinander ein, weil sie sich davon Nutzen und Vorteil für sich selbst erhoffen. Sie betrachten den anderen als bloßes Mittel für ihre eigenen Zwecke (was einer Katastrophe der kantischen Ethik gleichkommt). Helvétius spottet: »Ein jeder, der uns beweisen möchte, welch gutes Herz er selbst hat und daher die Geselligkeit der Menschen auf irgend einem anderen Prinzip, als dem der körperlichen oder gewohnheitsmäßigen Bedürfnisse begründet, verwirrt die schwachen Geister und gibt uns eine falsche Vorstellung von der Moral.«

Wir sehen jetzt, welche Gesellschaftstheorie sich abzeichnete, als Thomas von Aquin eine ökonomische Deutung der aristotelischen Bestimmung des Menschen als politischem Tier vornahm. Baron d'Holbach führte auf ähnliche Weise an, dass die Arbeitsteilung, also die Abhängigkeit von anderen mit dem Ziel, die Eigeninteressen weiter voranzutreiben und zu begünstigen, der Grund dafür ist, warum sich Menschen überhaupt zu Gesellschaften zusammenschließen. Der tiefere Grund dafür sei nichts anderes als heißhungriges Begehren: »So sind die immer wieder erstehenden und niemals zu befriedigenden Begierden das Prinzip des Lebens, der Gesundheit, der Tätigkeit, der Gesellschaft.« Ungeachtet allen Antihobbesianismus, ungeachtet der Duftwolke der Erbsünde – hier haben wir sie: die Universaltheorie einer Kultur, die auf dem natürlichen Egoismus beruht und heute populärer denn je ist.

Im 20. Jahrhundert sollte sich das Schlimmste in uns in das Beste verwandelt haben. Selbstverständlich war für die amerikanischen Revolutionäre der Egoismus, also das Streben jedes Einzelnen nach seinem Glück, gottgegeben. Der logische nächste Schritt war dann der Besitzindividualismus, der mit der grundlegenden Freiheit verschmolzen wurde. Wo Augustinus Sklaverei und göttliche Strafe sah, eine unendliche Erniedrigung unter die Begehrlichkeiten des Fleisches, da erblicken neoliberale Ökonomen und neokonservative Politiker den Grundstein der Freiheit. Freiheit wird nun als die Möglichkeit verstanden, so zu handeln, dass dem Eigeninteresse am besten gedient ist – insbesondere dann, wenn man von der Regierung nicht daran gehindert wird. (Die Antithese von Staatsmacht und Eigeninteresse besteht weiterhin, doch nun ist das Eigeninteresse etwas Gutes und die beste Regierung: so wenig Regierung als möglich.) Die ergänzende Idee, dass die Eigenliebe etwas Natürliches sei, wurde vor Kurzem durch den in Mode gekommenen genetischen Determinismus bestärkt, der das »egoistische Gen« der Soziobiologen ins Spiel brachte und damit den Sozialdarwinismus der Evolutionspsychologen wiederbelebte. Darüber hinaus können all die Kulturmerkmale, die sich vielleicht nicht durch die vermeintlich natürliche Disposition der Gene, ausschließlich auf den eigenen biologischen Vorteil bedacht zu sein, abdecken lassen, mit der »Theorie der rationalen Entscheidung« der Ökonomen erklärt werden, die alles, von den Selbstmordraten bis hin zur Jugendkriminalität, schlau dem »Humankapital« zuweisen.

Dieser ganze »Realismus« und »Naturalismus« wurde als »Entzauberung der Welt« begriffen. In Wahrheit aber handelt es sich um die Entzauberung der Gesellschaft *durch die Welt* – symbolisiert durch Körper und Materie und nicht durch den Geist. Man versteht hier nicht nur die Gesellschaft ausschließlich als die kollektive Summe körperlicher Bedürfnisse, sondern man buchstabiert sich die Welt selbst gemäß der symbolisch verfassten Warenwerte des Goldes, der Pinot-Noir-Trauben, des Öls, des Filet mignons und des reinen Fidschi-Quellwassers. Wir haben es hier mit einer Konstruktion von Natur durch spezielle kulturelle Bedeutungen und Praktiken zu tun, deren symbolische Qualitäten missverstanden werden als rein materielle Qualitäten, als deren gesellschaftliche Quellen physische Bedürfnisse gesehen werden, deren willkürliche Befriedigungen man mystifiziert als universale rationale Entscheidungen.

Andere Welten des Menschen

Wie verzaubert unser Universum auch immer noch sein mag, es bleibt doch durch die Unterscheidung von Kultur und Natur geordnet, was für praktisch niemanden von Belang ist – außer für uns Abendländer. Auf Grundlage einer ethnografischen Weltreise fasst Philippe Descola das so zusammen:

> Die Art und Weise, wie der moderne Okzident die Natur darzustellen pflegt, ist zweifellos nicht sehr weit verbreitet. In zahlreichen Regionen dieses Planeten werden Menschen und Nichtmenschen nicht als etwas begriffen, das jeweils in einander unzugänglichen Welten nach ganz bestimmten Eigenprinzipien existiert. Die Lebenswelt verfügt nicht über die Konsistenz einer objektiv fassbaren und autonomen Sphäre; Pflanzen und Tiere, Flüsse und Felsen, Meteore und Jahreszeiten existieren nicht in einer ihnen ge-

> meinsamen ontologischen Nische, die durch einen Mangel an Menschsein charakterisiert wird.

Das Gute daran ist, dass Pflanzen und Tiere, die für die Menschen von Bedeutung sind – Gleiches gilt auch für Landschaften, Himmelskörper, Wetterphänomene, ja sogar für bestimmte Artefakte –, zu ihnen selbst ähnlichen Wesen werden: Sie werden Personen, ausgestattet mit menschlichen Eigenschaften, und manchmal, etwa in Träumen und Visionen, nehmen sie auch deren Gestalt an. Wie die Menschenwesen haben auch diese Personen der anderen Spezies Seelen oder werden von Geistern beseelt; daher stammen auch ihr Bewusstsein, ihre Intelligenz und Intentionalität, ihre Mobilität und Emotionalität, wie auch ihre Fähigkeit zur Kommunikation untereinander und mit den Menschen. Es handelt sich um einen Kosmos immanenter Menschlichkeit, wie Viveiros de Castro sagt. »Beziehungen zwischen menschlichen Personen und dem, was wir *Natur* nennen, besitzen sozialen Charakter.« So berichtet man etwa vom Volk der Cree, bei dem die »menschlichen Personen nicht aus der sie umgebenden, physisch-materiell existierenden, unbewegten Natur herausgehoben oder dieser gegenübergestellt sind; sie sind vielmehr eine Personen-Gattung in einem sich wechselseitig beeinflussenden Netzwerk«.

Trotzdem ist der Westen, der sich selbst in ein unbeseeltes Universum verbannt hat, dem Rest der Welt nicht völlig entfremdet. Schließlich kennen wir wenigstens eine nichtmenschliche Person von einiger Bedeutung: Gott. Der Gott der Christen verfügt über alle Qualitäten des Menschseins, wozu auch die Fähigkeit gehört, menschliche Gestalt anzunehmen und eines menschlichen Todes zu sterben. Doch er ist ein eifersüchtiger Gott, der keine anderen Götter neben sich duldet und der mit seinen Geschöpfen auch nicht denselben irdischen Raum teilt. Das Christentum hat sich (wie zuvor schon das Judentum) vom »Heidentum« abgehoben, indem es die »Anbetung der Natur« verdammte und damit eine Theologie der transzendenten Göttlichkeit im Gegensatz zur ontologischen Wirklichkeit der materiellen Welt etablierte. Da Gott die Welt aus dem Nichts geschaffen hat, konnte auch der Natur keine erlösende spirituelle Qualität zukommen. »Das ist es, was ich liebe, wenn ich liebe meinen Gott. Was aber ist es?«, fragt Augustinus in seinen *Bekenntnissen*. »Ich fragte die Erde, und sie sagte mir: ich bin es nicht, und alles, was in ihr ist, gestand mir das gleiche.« Selbst wenn nun tatsächlich die Erde und alle Dinge in der Lage gewesen sein sollten, persönlich zu Augustinus zu sprechen, so entbehrt seine Frage nach spiritueller Existenz hier doch nicht einer gewissen Ironie.

Wenn er in seinem *Gottesstaat* dasselbe Argument gegen den Neoplatonismus anführt, tadelt Augustinus unbewusst auch alle anderen Religionen – vor allem die pantheistischen Lehrmeinungen der Polynesier –, deren zentrale Grundannahmen er als blasphemische Absurditäten verwirft. Denn wenn die Welt der Körper Gottes wäre, »wer sähe nicht, welch gottlose, lästerliche Folgerungen sich daraus ergeben? Würde doch jeder, der auf etwas tritt, einen Teil Gottes mit Füßen treten, jeder, der ein Lebewesen tötet, einen Teil Gottes umbringen.« Gerade damit aber beschreibt er trefflich das rituelle Dilemma der neuseeländischen Maori, die auf Mutter Erde, Papa, treten, den Gott Tane verletzen, wenn sie Bäume fällen, und den Ahnen Rongo essen, wenn sie Süßkartoffeln verzehren. Die Maori leben in einem vollkommen personalisierten Universum, alle stammen von ihren ursprünglichen Eltern Erde (Papa) und Himmel (Rangi) ab. Das ganze Universum ist faktisch eine einzige große Familie. Alle Dinge, stellt der Ethnograf Elsdon Best fest, die um die Maori herum existieren, sind ihre Angehörigen: Bäume, Vögel, Insekten, Fische, Steine und die »Elemente«. Oft habe er, als sie »einen Baum im Wald fällten, eine Bemerkung von vorüberkommenden Ureinwohnern gehört, die in etwa so lautete: ›Du mischst dich hier in Angelegenheiten deines Vorfahrens Tane ein.‹« Das weist darauf hin, dass die entsprechenden rituellen Aspekte beachtet werden müssen.

Selbst die Weißen genießen bei den Maori gutes genealogisches Ansehen. Das ist im System der Jäger und Sammler von den Chewong in Malaysia ganz anders. Signe Howell berichtet, diese fühlten sich stärker mit nichtmenschlichen Personen, zu denen auch bestimmte Gegenstände gehören, verwandt als mit Weißen oder anderen Menschen. Pflanzen, Tiere, Gegenstände und Geister, mit denen sie denselben Lebensraum und dieselben Bräuche teilen, verstehen sie als »unser Volk«, und zwar im Gegensatz zu anderen Ureinwohnern wie Malaien, Chinesen oder Europäern, die zu »anderen Völkern« gehören, die am Rand der Chewong-Welt nach ihren eigenen Gesetzen leben und eine andere Sprache sprechen. Es wird hier mehr als deutlich, wie sehr sich Vorstellungen des Menschseins und der Personalität voneinander unterscheiden können. Manche Völker führen Gradunterschiede in Bezug auf andere Spezies ein und sehen innerhalb ihrer Gruppe etwa sehr junge, alte oder psychisch kranke Menschen nicht als Vollpersonen an. Ein älterer Jäger der sibirischen Jukagiren erklärte Rane Willerslev, dass Tiere, Bäume und Flüsse »Menschen sind wie wir«, weil sie sich, da sie zwei Seelen haben, bewegen, wachsen und atmen; demgegenüber haben Steine, Skier und Nahrungsmittel nur eine Seele, denn sie sind unbeweglich und gleichen den Menschen nicht. Manche dieser anthropologischen Systeme erinnern an die *Chinesische Enzyklopädie*, wie sie von Jorge Luis Borges ersonnen wurde. Die »Ontologie der Ojibwa« verzeichnet, wie ein wichtiger Artikel von Irving Hallowell nachweist, unter der Kategorie »Person«: Sonne, Mond, Kessel, die vier Winde, Pfeifen, bestimmte Muscheln, den Donnervogel, einige Steine und Feuersteine. Wie in der klassischen Ethnografie von Wladimir Bogoras dokumentiert, wussten die Völker aus dem östlichen Sibirien, dass die Schatten an den Wänden ihrer Höhlen fremde Stämme waren, die in ihren eigenen Ländern in Hütten lebten und sich von der Jagd ernährten.

Auch wenn das alles fantastisch klingen mag, so darf man dennoch nicht vergessen, dass in einem Universum wechselseitig interagierender Subjekte eben auch die materiellen Praktiken mit Kommunikation zu tun haben und mit einem Wissen um die Anderen einhergehen, das sich durch Träume, Mythen, Zaubersprüche,

Beschwörungen, schamanische Verwandlungen und Ähnliches mehr vermittelt. Robin Ridington zog, nachdem er lange Zeit mit dem Volk der Tsattine (auch Dunneza oder Biber) in Kanada gelebt hatte, den Schluss, dass dies auch ein ganz anderes Verhältnis von Erfahrung und Wissen mit sich bringt, als wir es vom gesunden Menschenverstand und von den empirischen Philosophen kennen. Für uns, als Nachfahren Lockes, folgt das Wissen der sinnlichen Erfahrung von Ereignissen in einer physischen Welt. Für die Tsattine folgen die Ereignisse auf das Wissen, das sie aus ihren Träumen, Mythen und derlei mehr gewonnen haben – eine eher platonische Epistemologie. Ridington erklärt:

> Die Tsattine nehmen an, dass Ereignisse nur dann eintreten können, wenn Menschen sie schon in Mythen, Träumen oder Visionen erfahren haben. Sogar ihre Vorstellung, was eine Person sei, unterscheidet sich von der unseren. In der Wirklichkeit der Tsattine sind Tiere, Winde, Felsen und Naturkräfte »Völker«. Die menschlichen Personen haben beständig Kontakt mit diesen nichtmenschlichen Personen. Und alle Personen bringen kontinuierlich die Welt hervor, indem sie miteinander die Mythen, Träume und Visionen teilen.

> […] Für die Tsattine sind Mythen und Träume die grundlegende Quelle des Wissens […].

In diesem Zusammenhang mag die »magische« Kraft von Worten oder rituellen Praktiken weniger mystisch oder zumindest weniger rätselhaft erscheinen, da klar wird, dass sie sich an Personen richten. Sie sind dazu bestimmt, nichtmenschliche Personen durch rhetorische Mittel zu beeinflussen, nicht anders als es im zwischenmenschlichen Dialog geschieht. Dabei kommt ein ganzes semiotisches Repertoire von Assoziationen zum Tragen, das weit über die technische Dimension der Handlung hinausreicht und doch das Ziel nicht aus den Augen verliert. Praxis verwandelt sich in Poesie, da sie selbst überredend ist.

Wir wollen uns nun dem Verhältnis zwischen der Jagd, dem Jäger und den Tieren zuwenden. Das ist für unsere Untersuchung der westlichen Vorstellung der tierischen Natur des Menschen wesentlich, weil umgekehrt manche Menschen auf das gegenläufige Prinzip vertrauen, Tiere verfügten über eine menschliche Natur. Ich wiederhole nochmals, dass der Unterschied hier kein absoluter ist, da auch wir Ausnahmen machen und einigen Haus- und Nutztieren, besonders Hunden, menschliche

Attribute (manchmal sogar einen rechtlichen Personenstatus) zuschreiben. Auf der anderen Seite sprechen wir hier von Völkern, die davon überzeugt sind, dass zahlreiche Tierarten, ob nun ungezähmte Wildtiere oder Haustiere, ursprünglich Personen sind, die in eigenen Gemeinschaften nach einer menschlichen Ordnung leben und deren körperliche Unterschiede zu den Menschen unwesentlich sind. Daher können sie auch menschliche Gestalt annehmen, ebenso wie es Menschen geben soll, die sich in Tiere verwandeln und unter ihnen leben können.

Doch nun zur Praxis der Jagd. Tim Ingold merkt ganz allgemein bezüglich der Jäger und Sammler an:

> Die Jagd selbst wird nicht als eine mechanische Manipulation der natürlichen Welt angesehen, sondern als eine Art Gespräch zwischen Personen, ein Dialog, der zum Gesamtprozess des gesellschaftlichen Lebens gehört und in dem beide Seiten, die menschlichen und die tierischen Personen, mit verschiedenen Identitäten und Absichten ausgestattet sind.

Die Jagd ist eine soziale Beziehung zwischen menschlichen und tierischen Personen und wird in Begriffen und Handlungen vollzogen, die, unter anderen Formen des gesellschaftlichen Miteinanders, Respekt, Gegenseitigkeit, Versöhnung, Sympathie, Tabu, Verführung, Opfer, Zwang, Anerkennung, Mitleid, Herrschaft, Verlangen, Verzicht und vielerlei Kombinationen dieser Aspekte bedeuten. Die Jagd ist eine kulturell geformte, über die Artgrenzen hinausgehende Gesellschaftslehre.

Demzufolge stehen Menschen hier im Austausch mit den Geistern der Tiere, was dem Austausch zwischen menschlichen Personen und Gruppen untereinander entspricht. Diese Vorgänge ähneln in gewisser Weise dem Austausch mit Verwandten bei einer Heirat, insofern diese viele ähnlich anstrengende Verhandlungen mit sich bringt, um die Lebenskräfte von einer Gruppe auf die andere zu übertragen. Lévi-Strauss berichtet von einem (erstmals von James Teit aufgezeichneten) Mythos, der sich mit dem Ursprung der Jagd nach Wildziegen bei den Thompson-Indianern im Nordwesten der USA beschäftigt. Dabei ist der ›Anführer‹ der Ziegen nicht nur selbst ein Mensch, sondern auch noch Schwager des menschlichen Helden. Letzterem wird versprochen, dass er ein großer Jäger sein wird, wenn er folgende Regeln einhält:

> Wenn du Ziegen tötest, dann behandle ihre Leichname mit Respekt, denn es sind Personen. Schieß nicht auf Weibchen: sie waren deine Gattinnen und werden dir Kinder schenken. Ziele lediglich auf die Männchen, deine Schwager. Habe keine Bedenken sie zu töten, denn sie sterben nicht, sondern kehren zu sich zurück. Das Fleisch und das Fell (der Ziegen-Teil) fallen dir zu; ihr wahres Ich aber (der Menschen-Teil) wird weiterleben wie zuvor, als es das Fleisch und das Fell der Ziege umhüllten.

In anderen Erzählungen der nordamerikanischen Ureinwohner wird der Jäger ein bevorzugter Schwiegersohn des spirituellen Meisters des Jagdwilds, indem er sich mit der Tochter dieses Meisters vereinigt. Mögen die neodarwinistischen Wissenschaften, die in der heutigen evolutionären Psychologie gipfeln, es auch gerne so darstellen, dass wir immer noch genetisch unter der Grausamkeit leiden, an die sich die menschliche Gattung in der langen Geschichte ihres Überlebenskampfes zu gewöhnen hatte, wenn sie sich gezwungen sah, Tiere zu töten – dieser Darstellung steht der ethnografische Nachweis gegenüber, dass die Jagd im Allgemeinen mehr mit dem Liebesspiel als mit dem Krieg zu tun hat.

Seit Mitte des 19. Jahrhunderts ist die vorherrschende Meinung in der Wissenschaft, dass unsere frühen Vorfahren in Afrika, indem sie der vegetarischen Ernährung der Menschenaffen die Großwildjagd vorzogen, unsere Verderbtheit offenkundig machten und sie als unser Schicksal besiegelten. Es scheint, als bewiesen die Überreste der Australopithecina paläontologisch die Erbsünde – wobei wir uns dann mit Fleisch vollgefressen hätten und nicht mit der verbotenen Frucht. In einem prägnanten Absatz macht Raymond Dart, der Erste, der sich wissenschaftlich mit dem Hominidenhorror beschäftigte, den Australopithecus mit seinem räuberischen Verhalten für das ganze »bluttriefende« Geschichtsarchiv verantwortlich, das von den alten Ägyptern zu den Gräueltaten des Zweiten Weltkriegs reicht. Zusammen »mit dem frühen verbreiteten Kannibalismus«, den weltweiten Praktiken des Skalpierens, der Kopfjagd, der Verstümmelung und der Nekrophilie trenne »dieses Kainsmal den Menschen aufgrund seiner Essgewohnheiten von seinen anthropoiden Verwandten«. Spätere Funde und Untersuchungen wiesen allerdings nach, dass die Großaffen sich nicht ausschließlich von Früchten ernähren, wie auch die Australopithecina nicht so gierig nach Fleisch waren, wie Dart und andere behauptet hatten. Außerdem bewiesen Jäger schon damals, dass es keinen unmittelbaren Zusammenhang zwischen der Jagd und der Gewalt unter Menschen gab. Es besteht eine weitaus stärkere Verbindung zwischen der Jagd und dem Geschlechtsverkehr, nicht weil in ihr affektive Beziehungen aufgebaut werden, sondern aufgrund der angewandten Techniken selbst. Rane Willerslev weist in diesem Zusammenhang auf die sibirischen Jukagiren hin und zitiert außerdem Gerardo Reichel-Dolmatoffs Bericht über die Tucano des Amazonas: »Jagen ist eigentlich ein Werben und ein sexueller Akt«; das Verb »jagen« kann man als »mit den Tieren Verkehr haben« übersetzen. Als gute Freudianer, die wir alle nun einmal sind, interpretieren wir das Jagdglück im Traum als sexuelle Eroberung. Andersherum interpretieren Jäger Träume von sexuellen Eroberungen als Zeichen für den zukünftigen Erfolg bei der Jagd – das Wissen geht der Erfahrung voraus.

Eine derartige Kommunikation zwischen den Arten bedingt, dass Tiere unter ihrer Haut menschlich sind. Ihre körperliche Erscheinungsform ist nur oberflächlich – und sie kann auch abgestreift werden, um den darunter verborgenen Menschen sichtbar werden zu lassen, wie dies in Träumen ja auch oft geschieht. So wie verschiedene Gruppen von Menschen sich durch Kleidung und Schmuck unterscheiden –

die natürlich aus Pelz und Federn bestehen können –, werden viele Tierkörper als Kleidung oder sogar als Verkleidung des Personseins der Spezies angesehen. Diese Kommunikation über Artgrenzen hinweg beinhaltet auch, dass Tiere mit den Menschen dieselbe Kultur teilen. Berichte zahlreicher amerikanischer Ureinwohner bestätigen, dass Tiere in ihren eigenen Ländern in Häusern leben, Häuptlinge haben, heiraten, Zeremonien abhalten und über dieselben Bräuche wie die Menschen verfügen. Darüber hinaus sehen sich die Tiere selbst als Menschen, während sie diese wiederum als andersgeartete Wesen oder Tierarten wahrnehmen, oft auch als Raubtiere. Dieser »Perspektivismus«, den Viveiros de Castro inauguriert und auf brillante Weise analysiert hat, ist eine Funktion der körperlichen Unterschiede der Gattungen. Alle Arten erfahren, dieser Theorie zufolge, dieselben Dinge, beziehen sich aber auf unterschiedliche Referenzobjekte. Der Jaguar der südamerikanischen Wälder sieht Maniokbier, wo der Mensch Blut sieht; was den Menschen als schlammige Uferböschung erscheint, ist das Zeremonienhaus des Tapirs; was dem Chewong in Malaysia als Kotwürstchen gilt, ist für seinen Hund eine Banane – kein Grund zur Aufregung also!

Unter diesem Blickwinkel verwundert es daher auch keineswegs, dass in ethnografischen

Berichten aus Neuguinea oder vom amerikanischen Doppelkontinent über Tiere zu lesen ist, dass sie ursprünglich Menschen waren. Sie stammen von den Menschen ab und nicht andersherum. »Besitzt der Mensch in unserer Alltagsanthropologie«, schreibt Viveiros de Castro,

> eine ursprüngliche Tiernatur, die durch die Kultur gebändigt werden muss – da wir einmal ganz Tier waren, bleiben wir es auch in unserm »Innersten« –, so müssen dem indianischen Denken zufolge Tiere, weil sie einmal Menschen waren, noch immer etwas Menschliches haben, auch wenn sie es nicht zeigen.

Es ist, als hätten Mensch und Tier, so wie wir sie kennen, und gemeinsam mit ihnen auch *nómos* und *physis*, die Plätze getauscht. Das, was wir nach der geläufigen Meinung über die Menschheit für »natürlich« halten, ist vordergründig und äußerlich bedingt, wie bei der veränderlichen Gestalt der Tiere, deren Menschlichkeit ihre eigentliche wesenhafte Verfasstheit ist. Die Menschheit ist das Universelle, die Natur das Spezielle. Menschheit ist der Urzustand, aus dem heraus sich erst die natürlichen Formen produzieren und differenzieren.

Wenn die Menschheit tatsächlich eine vorgesellschaftliche, antisoziale tierische Neigung hätte, so stellt sich die Frage, warum so viele Menschen noch niemals von dieser etwas bemerkt haben und trotz ihrer Unwissenheit überlebt haben konnten. Viele dieser Menschen haben keinerlei Vorstellung von Animalität und kennen schon gar keine Bestialität, die angeblich in unseren Genen, in unseren Körpern und in unseren Kulturen lauert. Es ist schon erstaunlich, dass gerade diejenigen, die in einem derart engen Verhältnis mit der sogenannten Natur leben, weder die ihnen angeborene Tiernatur zur Kenntnis genommen haben, noch um die Notwendigkeit wissen, einer solchen kulturell beizukommen.

Das Gewimmer unserer Selbstverachtung

Nicht einmal die wilden Tiere sind also wilde Tiere. Damit meine ich, dass nicht einmal sie die grausamen Bestien sind, die die Menschen von Natur aus angeblich sein sollen, angetrieben von der unersättlichen Gier, Kriege zu führen und das Chaos zu entfesseln. Die Zeit für das Gewimmer der Selbstverachtung ist angebrochen: *Homo homini lupus*, »der Mensch ist dem Menschen ein Wolf«. Diese Formel für die sinisteren menschlichen Triebe, die Freud aus den wohlbekannten Beschreibungen des Hobbesianismus übernommen hat, basiert eigentlich auf einem Aphorismus von Plautus aus dem 2. Jahrhundert v. Chr. Was für eine Verleumdung eines Wolfs, dessen Rudel so viele Verteidigungstechniken beherrscht sowie Vertrauen und Zusammenarbeit beweist, woraus eine dauerhafte Ordnung entsteht. Wir sprechen hier immerhin von den Vorfahren »des besten Freunds des Menschen«. Genauso wenig sind die dem Menschen verwandten Großaffen »von einem fortwährenden und rastlos auf immer neue Macht versessenen Trieb« erfasst, der nur »in den Tod führt«; und auch sie führen keine Kriege »jeder gegen jeden«. Nichts in der Natur ist perverser als unsere eigene Vorstellung von der menschlichen Natur. Sie ist das Hirngespinst unserer kulturellen Einbildungskraft.

In Freuds moderner Version von der menschlichen Bestialität in *Das Unbehagen in der Kultur* hallen die vielen Jahrhunderte westlichen Selbsthasses nach. Hören wir hier, neben Hobbes oder Augustinus, nicht das Gespenst des Thukydides heraus?

> *Homo homini lupus*; wer hat nach allen Erfahrungen des Lebens und der Geschichte den Mut, diesen Satz zu bestreiten? [...] Unter ihr [der grausamen Aggression; A. d. Ü.] günstigen Umständen, wenn die seelischen Gegenkräfte, die sie sonst hemmen, weggefallen sind, äußert sie sich auch spontan, enthüllt den Menschen als wilde Bestie, der die Schonung der eigenen Art fremd ist. [...] Die Existenz dieser Aggressionsneigung, die wir bei uns selbst verspüren können, beim anderen mit Recht voraussetzen, ist das Moment, das unser Verhältnis zum Nächsten stört und die Kultur zu ihrem Aufwand

> [an Energie] nötigt. Infolge dieser primären Feindseligkeit der Menschen gegeneinander ist die Kulturgesellschaft beständig vom Zerfall bedroht. [...] Die Kultur muss alles aufbieten, um den Aggressionstrieben der Menschen Schranken zu setzen, ihre Äußerungen durch psychische Reaktionsbildungen niederzuhalten.

Für Freud läuft »nichts anderes der ursprünglichen menschlichen Natur so sehr zuwider« wie das »Idealgebot, den Nächsten so zu lieben wie sich selbst«.

Die Psychoanalyse Freuds begreift die Sozialisation des Kindes als Wiederholung der kollektiven, gesellschaftlichen Geschichte der Verdrängung oder Sublimierung der ursprünglich bösartigen Natur des Menschen. Der alternativen Geschichte von der unschuldigen Kindheit, einem Reflex der nachgeordneten Ideologie von guter Natur und böser Kultur, schenkt Freud kein Vertrauen. Eher hätte er schon der Bemerkung von Augustinus (aus dessen *Bekenntnissen*) zugestimmt, dass nur »die Kindesglieder harmlos in ihrer Schwäche sind, nicht so das Kinderherz«. In der freudianischen Theorie vom Über-Ich, das die Rolle des Vaters spielt und, weiter gefasst, auch die Kultur repräsentiert, gemäß der die primitiven asozialen

Instinkte des Kindes – im Speziellen die libidinösen und aggressiven Triebregungen – unterdrückt werden, darf man also die spezifisch augustinische oder hobbesianische Form der Herrschaft wiedererkennen, die die anarchischen Antriebe der Menschen regiert und beherrscht. (Man könnte hier einwenden, dass die ersten Regulative für die schrankenlose Suche des Kindes nach Lustbefriedigung durch das »Realitätsprinzip« mehr der politischen Ordnung des Ausgleichs ähneln, da das kindliche Begehren durch andere zum eigenen Besten enttäuscht wird. In jedem Fall aber ist der Versuch des Kindes, die »Realität« durch Erfahrungen von Lust und Unlust zu begreifen, eine Wiederholung der empiristischen Epistemologie aus den Anfangskapiteln von Hobbes' *Leviathan*.) Daher stellt sich nochmals die Frage, was wir denn nun mit den beachtlichen ethnografischen Beweisen für das Gegenteil anstellen sollen: Rund um den Erdball gibt es Menschen, die mit der Vorstellung, Kinder seien eingeborene Monster und es sei notwendig, ihre bestialischen Triebe zu domestizieren, nichts anfangen können. Marilyn Strathern beispielsweise vermerkt über ein Volk, das im Zentralhochland von Neuguinea lebt:

> Die Mitglieder der Hagenbergstämme verlangen nicht, dass ein Kind aus irgendeinem vorgesellschaftlichen Zustand heraus zu einem sozialen Erwachsensein aufgezogen wird, und sie gehen auch nicht davon aus, dass jeder von uns die ursprüngliche Domestikation hin zur Menschlichkeit durchlaufen muss, um mit den Elementen einer vorkulturellen Natur umgehen zu können.

Die Gesellschaft, fährt Strathern fort, »ist kein Regelwerk, das sich gegen das Individuum richtet und es zu kontrollieren trachtet; menschliche Errungenschaften gipfeln nicht in der Kultur«. In der Tat ist es ja so, dass der Anthropologie kaum Gesellschaften bekannt sind – abgesehen selbstverständlich von unserer eigenen –, die eine Domestizierung der angeborenen asozialen Anlagen ihrer Kinder zu ihrer Aufgabe machen. Ganz im Gegenteil lautet die allgemeine Meinung unter den Menschen, dass Geselligkeit die normale und herkömmliche menschliche Verfasstheit sei. Ich behaupte sogar, dass diese üblicherweise für »angeboren« gehalten wird; obgleich sich diese Menschen nicht aus einem biologischen Substrat zusammengesetzt verstehen – und schon gar nicht annehmen, einem tierischen Substrat zu entspringen –, auf welchem oder gegen das die Kultur sich dann errichtet. Das wäre auch zweifellos ein biologischer Fehlschluss für all jene in Westafrika, dem nördlichen Nordamerika und dem nördlichen Eurasien, die sich als Reinkarnationen ihrer verstorbenen Ahnen verstehen. Rane Willerslev beobachtete bei den Jukagiren, dass es in deren Welt »so etwas wie ein Kind überhaupt nicht gibt«, weil die Fertigkeiten, das Wissen, das Temperament und andere Eigenschaften der Kinder den Angehörigen zugeschrieben werden, die sie beseelen. Viele dieser Charakteristika werden mit der Zeit, wenn das Kind die Sprache erlernt, vergessen und kommen nur nach und nach im Laufe seines Lebens wieder zum Vorschein. Alma Gottlieb hat eine funktionsgemäß ähnliche Vorstellung der Beng von der Elfenbeinküste beschrieben: Nur nach und nach tritt im Kind die Person des inkarnierten Verwandten an den Tag, da die anderen Toten versuchen, diesen Angehörigen in ihrer eigenen Mitte zu halten.

Der weiter verbreitete Glaube ist jedoch schlicht der, dass das Kind eben noch keine vollständige Person sei – was aber nicht heißt, dass es als Unperson geboren wird. Diese Unvollständigkeit ist eine Frage der Reife des Geistes oder der Seele des Kindes und hat nichts mit der Beherrschung körperlicher Triebregungen zu tun. Persönlichkeit wird schrittweise durch die Interaktion mit anderen innerhalb der Gesellschaft erworben, vor allem durch ein Geben und Nehmen und wechselseitige Abhängigkeiten. Die Kinder auf den Fidschi-Inseln haben »wässrige Seelen« (*yalo wai*), bis sie ihren verwandtschaftlichen Pflichten und Führungsaufgaben nachkommen können (Anne Becker, Christina Toren). Kinder des Ifalik-Atolls in Mikronesien sind »geistlos« (*busch*), bis sie fünf oder sechs Jahre alt sind und ausreichend moralische »Einsicht« (*riplai*) entwickelt haben (Catherine Lutz). Kleine Kinder auf Java sind »noch keine Javaner« (*ndurung djawa*) im Gegensatz zu den »schon Javanern« (*sampun djawa*), das heißt im Gegensatz zu denjenigen Erwachsenen, die in der Lage sind, die aufwendige Etikette und die feine Ästhetik, die diese Gesellschaft ausmacht, zu praktizieren; sie müssen erst für die »feine Stimme des Göttlichen empfänglich werden, die in der Stille des nach Innen gewandten Bewusstseins eines jeden Einzelnen liegt« (Clifford Geertz). Für das Volk der Aymara im Hochland Boliviens ist die Kindheit eine Entwicklung von der unvollständigen zur vollständigen Menschlichkeit. Diese besteht darin, dass gesellschaftliche Pflichten übernommen werden können, und kommt bemerkenswerterweise sogar ohne das »strafende Element einer Vorstellung von *Einschränkung* aus, das wir üblicherweise verwenden, um den Sozialisationsprozess des Kindes zu beschreiben« (Olivia Harris). Die Kinder der Mambai in Osttimor haben, wie die Kinder der Portugiesen auch, noch unterschiedslos »ganze« oder »volle« Herzen, sie sind der Welt noch verschlossen, was eine Art Unwissenheit oder Benommenheit impliziert (Elizabeth Traube). Die Chewong in Malaysia sagen, dass die Seele des Kindes noch nicht vollständig entwickelt sei, ehe es nicht die Verantwortungen eines Erwachsenen übernehmen kann, wie es zum Beispiel für eine Heirat erforderlich ist (Signe Howell). Dasselbe gilt auch für die Hagenbergstämme, wo das Kind in das Erwachsensein durch das »Verständnis, was gesellschaftliche Beziehungen mit anderen bedeuten«, hineinwächst. Das »Kind ist keineswegs rømi [›wild‹]«, und es wird auch weniger zu einer Persönlichkeit erzogen, als vielmehr zu dieser hin aufgezogen und genährt (Strathern). Strathern beschreibt darüber hinaus auch, dass die melanesische Idee vom Sozialen nicht eine Gesellschaft vorstellt, die jenseits oder über dem Individuum schwebt und als mächtiges Regelwerk dessen Widerstand kontrollieren will. »Die Probleme gesellschaftlicher Existenz sind nicht jene eines veräußerlichten Regel- oder Wertekatalogs und folgen auch keinen Regeln, die immer wieder Wirklichkeiten gegenüber, die sie beständig zu unterlaufen drohen, neu angepasst werden müssen.«

Vergleicht man dies nun mit unseren orthodoxen Ansichten über die frühe Kindheit – seien es landläufige oder wissenschaftliche –, so erkennt man, dass unserem Biologismus überall auf der Welt von einigen Gesellschaften ein bestimmter Kulturalismus entgegengesetzt wird. Für diese sind Kinder eine Menschheit im *Werden*; für uns müssen sie dafür erst ihre Tierheit ablegen. Die meisten Völker sehen im Kind keineswegs ein Doppelwesen, halb Engel und halb Tier. Vielmehr werden Kinder als Menschen geboren, je nach Inkarnation entweder noch unvollständig oder bereits als vollkommener Mensch. Das Erwachsenwerden selbst besteht im Erwerb der geistigen Fähigkeit, angemessene gesellschaftliche Beziehungen eingehen zu können. Anerkannt wird dabei, dass das menschliche Leben, wozu Fähigkeiten und Anlagen gehören, sinnvoll verfasst ist – in seinen Kulturformationen und im Weiteren in der gegebenen Gesellschaft. Doch während sich der Rest der Welt um die Entwicklung des Geistes kümmert, sorgt sich der Westen um die Ausdrucksformen des Körpers. Wir belegen das Verhalten des Kindes vorwiegend mit biologischen Begriffen wie »Bedürfnis« und »Lust«, selbst wenn man dem

Egoismus des Kindes zubilligt, diese als »Forderung« zum Ausdruck zu bringen. Möglicherweise würden wir Babys nicht für egozentrische Wesen halten, die nur ihrem Begehren folgen, wenn wir nicht selbst so eingefleischte Egoisten wären. Man bedanke sich bei Freud für einen weiteren maßgeblichen Begriff: Projektion.

In der überlieferten Folklore des Westens steht der »Wilde« (die anderen) dem »Zivilisierten« (uns) wie die Natur der Kultur und der Körper dem Geist gegenüber. Es ist ein anthropologischer Fakt für uns, dass Natur und Körper Grundlage der Conditio humana sind; für die anderen aber sind es Kultur und Geist. Um an dieser Stelle einen Gedanken ins Spiel zu bringen, der Lévi-Strauss in einem ähnlichen Zusammenhang aufkam, darf man sich getrost fragen: Wer von den beiden hat der Menschheit denn nun mehr zur Ehre gereicht?

Die menschliche Natur ist die Kultur

Wer sind nun also die Realisten? Meiner Ansicht nach sind es die Völker, von denen ich eben sprach, die die Kultur als den Urzustand der menschlichen Existenz betrachten und die biologische Gattung als sekundär und von ihr abhängig. Sie haben völlig recht, und die paläontologischen Befunde der Hominidenevolution werden ihre Annahme erhärten – wie dies auch Geertz tut, der daraus auf ausgezeichnete Weise die anthropologischen Schlussfolgerungen zieht. Die Kultur ist älter als der Homo sapiens, weitaus älter, und sie war die Grundbedingung für die biologische Entwicklung der Spezies. Beweise für eine Kultur in der menschlichen Entwicklungsgeschichte datieren etwa auf drei Millionen Jahre zurück, wohingegen die gegenwärtig existierende Form des Menschen nur ein paar hunderttausend Jahre alt ist. Oder anders gesagt: Wenn man dem berühmten Humanbiologen Richard Klein folgt, dann ist der moderne Mensch, unter anatomischen Gesichtspunkten betrachtet, bloß 50 000 Jahre alt und entwickelte sich vor allem in der Altsteinzeit (Jungpaläolithikum), was die Kultur etwa sechzig Mal älter machen würde als diejenige Spezies, für die wir uns selbst halten. (Klein selbst ist jedoch damit beschäftigt, die kulturellen und materiellen Errungenschaften der früheren Hominiden abzuwerten, um dadurch einen radikalen, auf der Biologie basierenden kulturellen Vorsprung *unseres* Jungpaläolithikums abzuleiten.) Der entscheidende Punkt bei alldem ist, dass sich über einen Zeitraum von etwa drei Millionen Jahren die Menschen durch kulturelle Selektion biologisch entwickelt haben. Unsere Körper und Seelen wurden für eine kulturelle Existenz geformt.

Eine kleine Zwischenbemerkung: Wenn wir von Körper und Seele sprechen, darf ein ähnliches Konzept der antiken Vorfahren der westlichen Tradition nicht unerwähnt bleiben. Vielleicht hat Platon ganz bewusst gewisse falsche Vorstellungen unterlaufen, als er behauptete, dass nur die Seele der Selbstbewegung fähig und älter als der Körper sei, den sie bewegt und formt. Da die Seele sich ja in den Künsten, den Gesetzen und Ähnlichem ausdrückt, ist der *nómos* folglich älter und Quelle der *physis*. So argumentierte er in den *Nomoi*, im *Timaios*, im *Phaidros* und an anderen Stellen. In den *Nomoi* sagt er, der Körper sei, da ein »Abgeleitetes und Späteres«, der Seele unterworfen, was bedeutet: »Sitte, Gemütsart, Verstandes- und Willensäußerung, richtige Vorstellung, Berechnung, Gedächtnis sind also immer eher da als Länge, Breite und Tiefe und Stärke der Körper, wenn doch eben die Seele selbst immer früher als der Körper ist«. Demnach geht die Kultur der Natur voraus:

> Nun, dann müssen auch Vernunft, Vorstellung, Berechnung, Kunst und Gesetz ursprünglicher sein als Hartes und Weiches und Schweres und Leichtes, und ebenso werden dann auch die großen und ursprünglichen Schöpfungen eben als solche Werke der Kunst, was jene Leute aber Werke der Natur und die Natur selbst, die sie (eben) hiernach fälschlich mit diesem Namen nennen, werden etwas Späteres und von der Kunst und Vernunft Abhängiges sein.

Warum wird die Natur fälschlich mit diesem Namen so genannt? Weil Seele und Kultur zuerst da waren, und tatsächlich folgt für die Seele, »daß gerade sie vorzugsweise von Natur sei«. Oder mit heutigen anthropologischen Begriffen: Die menschliche Natur ist die Kultur.

Kein Affe erkennt einen Unterschied zwischen Weihwasser und destilliertem Wasser. Wie Leslie White anmerkt, liegt das daran, dass es keinen chemischen Unterschied gibt. Die Bedeutungsdifferenz jedoch macht den großen Unterschied aus, nach welchem die Menschen dem Heiligen Wasser seinen Wert beimessen und der festlegt, wie sie mit ihm umgehen. Anders als bei den Affen spielt dieser kulturelle Wert sogar dann eine Rolle, wenn man durstig ist.

Hinsichtlich der menschlichen Natur bedeutet ein der Kultur gemäßes Leben zu führen, die Fähigkeit zu besitzen und um die Notwendigkeit zu wissen, unsere körperlichen Neigungen und Triebregungen symbolisch zu begreifen. Das bedeutet auch, unsere Existenz entsprechend den maßgeblichen Vorgaben unseres Selbst und der Einheit unseres Seins zu verstehen. In dieser symbolischen Einschließung des Körpers, seiner Bedürfnisse und Triebe lag die entscheidende Auswirkung der langwährenden Geschichte von kultureller Selektion, aus der schließlich der Homo sapiens entstanden ist.

Die Biologie vertritt heutzutage die Auffassung, dass das menschliche Gehirn ein soziales Organ ist: Es entwickelte sich im Pleistozän aufgrund des »Drucks«, ein umfängliches, komplexes und solidarisches Set gesellschaftlicher

Beziehungen unterhalten zu müssen – das aller Wahrscheinlichkeit nach auch verschiedene Arten von nichtmenschlichen Personen umfasste. Die Fähigkeit des Symbolisierens bildete die notwendige Grundlage für diese soziale Leistung. Der »Druck« bestand darin, ein kulturelles Tier zu werden, oder genauer gesagt: unsere Tierheit zu kulturalisieren. Ich behaupte keineswegs, dass wir eine »unbeschriebene Tafel« wären, jemals eine solche waren oder keinen biologischen Vorgaben unterlägen. Was sich jedoch für die Gattung des Homo sapiens einzigartig herausselektiert hat, ist die Einschreibung dieser Vorgaben in und als variable Bedeutungsformen, woraus die Fähigkeit resultierte, sie auf unermesslich zahlreiche Arten und Weisen zum Ausdruck zu bringen, wie es Archäologie, Geschichte und Ethnografie bezeugen. Ich bestreite auch nicht die neuerdings populäre Theorie von der Koevolution, also die Vorstellung, dass sich kulturelle und biologische Entwicklungen wechselseitig beeinflusst haben. Daraus folgt aber nicht, dass diese »Faktoren« gleich maßgeblich für die soziale menschliche Existenz waren. Ganz im Gegenteil muss es eine reziproke Beziehung zwischen der Vielfalt und Komplexität der kulturellen Muster und der Spezifität biologischer Dispositionen geben. Im Zuge der Koevolution musste die Entwicklung der Kultur eine Deprogrammierung der genetischen Vorgaben oder dessen, was man Instinktverhalten nennt, durchlaufen, um vervollständigt zu werden. Ergebnis dieses Vorgangs war die Organisation biologischer Funktionen in verschiedenartigen kulturellen Formen, sodass der Ausdruck biologischer Notwendigkeiten von einer sinnstiftenden Logik abhing. Wir werden also mit dem Rüstzeug für tausend verschiedene Leben geboren, wie Geertz feststellt, obwohl wir letzten Endes doch nur eines führen. Das ist nur unter der Bedingung möglich, dass die biologischen Bedürfnisse und Triebe die verschiedenen Möglichkeiten ihrer Realisierung nicht genau festlegen. Die Biologie wird zu einer determinierten Determinante.

Also noch einmal: Wer sind die Realisten? Sind es nicht die Bewohner der Fidschi-Inseln, die von den kleinen Kindern sagen, diese hätten »wässrige Seelen«, was bedeutet, dass sie keine vollständigen Menschen sind, solange sie nicht bewiesen haben, dass sie die Bräuche der Fidschianer beherrschen? Wir haben bereits gesehen, dass überall auf dieser Welt Menschen solche Vorstellungen haben. Die Idee dahinter ist, dass die menschliche Natur *im Werden* begriffen ist: Sie basiert auf der Fähigkeit, das entsprechende kulturelle Schema zu erfassen und nachzuvollziehen. Das ist weit mehr ein *Werden* denn ein Immer-schon-gewesen-Sein. Kenneth Bock hat es einmal so dargestellt: Gerade die deplatzierte Konkretheit der menschlichen Natur als *Entität* macht den grundlegenden Aspekt ihrer eigenen Mythologie aus. Wir sprechen von determinierenden kulturellen Praktiken so, als wären diese auf irgendeine mysteriöse Weise direkt in unser Keimplasma eingeschrieben – neuerdings sind sie in die Gene eingeschrieben, zuvor waren sie es in die Triebe und noch früher in die Samen. Es geht mitnichten darum, ob die menschliche Natur nun grundsätzlich dieses oder jenes sei, gut oder schlecht. In Frage steht der Biologismus an sich. Die zahlreichen Kritiker von Montaigne, Hobbes, Mandeville und Co., die dem angeborenen Egoismus den naturgegebenen guten Kern oder natürlichen Gemeinschaftssinn des Menschen entgegenhielten, blieben denselben verhärteten Argumentationslinien verhaftet, die sich darauf versteiften, kulturelle Formen seien körperlich determiniert. Bock hat darauf hingewiesen, dass eine echte Alternative dazu erst in der Renaissance aufkam, als die ersten philosophischen Strömungen entstanden, die die Menschheit von den vorherbestimmten Übeln der Erbsünde befreiten.

In diesem Zusammenhang würdigt Bock vor allem die Rolle von Giovanni Pico della Mirandolas *Über die Würde des Menschen*, einem klassischen Text, der zeigt, wie sich die Renaissance selbst inszenierte. Die Schöpfungsgeschichte klingt bei Pico so: Nachdem Gott die Welt erschaffen hatte, wollte er ein Geschöpf schaffen, das sich an seiner eigenen Schönheit und Herrlichkeit erfreuen konnte. Doch als er daranging, den Menschen zu erschaffen, gab es keine Form und keinen Raum mehr für dieses Werk. Weil er dem Menschen nichts geben konnte, was allein ihm zukam, machte ihn Gott, schreibt Pico, zu einem Geschöpf »mit unbestimmtem Erscheinungsbild« und setzte ihn in die Mitte, »damit er von dort bequem um sich schauen und sehen kann, was es alles in der Welt gibt«. Und Gott sprach zu Adam:

> Den übrigen Wesen ist ihre Natur durch die von uns vorgeschriebenen Gesetze bestimmt und wird dadurch in Schranken gehalten. Du bist durch keinerlei unüberwindliche Schranken gehemmt, sondern du sollst nach deinem eigenen freien Willen, in dessen Hand ich dein Geschick gelegt habe, sogar jene Natur dir selbst vorherbestimmen. […] Wir haben dich weder als einen Himmlischen noch als einen Irdischen, weder als einen Sterblichen noch als einen Unsterblichen geschaffen, damit du als dein eigener, vollkommen

frei und ehrenhalber schaltender Bildhauer und Dichter dir selbst Form bestimmst, in der du zu leben wünschst. Es steht dir frei, in die Unterwelt des Viehes zu entarten. Es steht dir ebenso frei, in die höhere Welt des Göttlichen dich durch den Entschluß deines eigenen Geistes zu erheben.

Nicht nur die dem Menschen angeborene Fähigkeit, tausend verschiedene Leben führen zu können, klingt hier an. Man fühlt sich auch an den großen Bogen aller möglichen Veranlagungen erinnert, den Ruth Benedict in den *Urformen der Kultur* spannt und von dem jede Kultur nur einen sehr begrenzten Teil ausschöpft.

Als sich die Moralphilosophen der schottischen Aufklärung, besonders Adam Ferguson, mit dem menschlichen Willen im Gegensatz zur vorherbestimmten Sünde oder zum Instinkt beschäftigten, führten sie eine soziale Dimension ein, die die Weichen für das anthropologische Verständnis von der menschlichen Natur als kulturell fundiertem Werden stellte. Ferguson ging über die übliche Verteidigung des freien Willens hinaus, die sich darauf gründet, dass jede moralische Instanz bedeutungslos wäre, wenn wir gar nicht die Möglichkeit besäßen, zu sündigen. Für Ferguson war der Mensch ein wahrhaft gesellschaftliches Wesen, jedoch in dem Sinn, dass seine Natur durch die Gesellschaft geformt wird und ihr nicht auf irgendeine Weise vorausgeht oder für sie verantwortlich ist. Ein solches vorgesellschaftliches Individuum gibt es nicht; es gibt keinen Menschen, der vor oder jenseits der Gesellschaft existiert. Menschen werden – mit allen Vor- und Nachteilen – durch die Gesellschaft hervorgebracht, und dies geschieht in unterschiedlichen Gesellschaften eben auf unterschiedliche Weise. Sie werden in eine Gesellschaft hineingeboren und verbleiben in dieser, sagt Ferguson (und folgt darin Montesquieu). Dort gelangen sie zu den verschiedenen Ansichten, nach denen sie ihre Lebenswelt gestalten. Auf eine solche notwendige gesellschaftliche Formierung der Menschlichkeit zielt Ferguson ab, wenn er in einer trefflichen Passage zusammenfasst:

> Wenn wir deshalb gefragt werden, wo der Naturzustand zu finden ist, so können wir antworten: hier ist er; und es kommt nicht darauf an, ob man meint, daß wir dabei von der Britischen Insel sprechen oder vom Kap der Guten Hoffnung oder von der Magellanstraße.

Ähnlich gilt auch für Marx, dass das »menschliche Wesen« nur in gesellschaftlichen Verhältnissen und als diese existiert und nicht als armes Schwein irgendwo außerhalb des Universums hockt. Menschen individualisieren sich ausschließlich im Kontext der Gesellschaft, wenn auch im europäischen Kontext auf eine gewisse egoistische Weise – was wiederum den Fantasien (»Robinsonaden«) der Ökonomen Auftrieb gegeben hat, die ihre Wissenschaft auf Vermutungen über die vermeintlichen Eigenschaften eines einzelnen, isolierten, männlichen Erwachsenen aufbauten. Marx erging sich auch nicht darin, Gesellschaftsformen von den angeborenen Neigungen herzuleiten, wenngleich man seinen Schriften auch das Gegenteil entnehmen könnte: von der bourgeoisen Gesellschaft hin zum sagenumwobenen hobbesianischen Krieg aller gegen alle. Von Geburt an weder gut noch schlecht, werden die Menschen zu dem, was sie sind, indem sie an der Gesellschaft teilhaben, so wie sich diese unter den jeweiligen historischen Umständen entfaltet. Man darf annehmen, dass Marx' Wissen vom kolonisierten Anderen zu dieser Anthropologie beigetragen hat. Auf jeden Fall ist diese Auffassung der Conditio humana – mit dem wichtigen Vorbehalt, dass die »gegebenen kulturellen Folgen« die »gegebenen historischen Umstände« bei Marx ersetzen, oder anders ausgedrückt, dass die *praxis*, in der die Menschen sich erschaffen, kulturell fundiert ist – zum ethnografischen Gemeinplatz geworden.

Der Naturzustand: »Hier ist er.« Denn die Kultur ist die menschliche Natur. Wenn die Javaner meinen, Mensch zu sein bedeute, Javaner zu sein, dann gibt ihnen Geertz in dem Sinne Recht, dass »es in der menschlichen Natur nichts gibt, das von der Kultur unabhängig wäre«. Man kann auch Margaret Meads *Growing Up in New Guinea* anführen, in dem sie näher auf die Auffassung von Rousseau über Erzieher eingeht. Diese sollen die Deformationen der menschlichen Natur beseitigen, die den Kindern durch falsch gesinnte Erwachsene zugefügt worden sind:

> Es ist hingegen weitaus eher vertretbar, die menschliche Natur als das gröbste und am wenigsten ausdifferenzierte Rohmaterial zu betrachten, solange es nicht in erwähnenswerter Weise Form annimmt, die durch kulturelle Tradition gestaltet und gebildet wird.

Besser formuliert wäre wohl zu sagen, dass sich die Menschen innerhalb einer gegebenen Kulturtradition selbst formen. Erst die Tradition legt die körperlichen Bedürfnisse und deren Befriedigung fest.

So gilt in Sachen Sex, dass es für die Beziehung zwischen Biologie und Kultur nicht wichtig ist, darauf hinzuweisen, dass alle Kulturen Sex haben, sondern dass aller Sex Kultur hat. Entsprechend der örtlichen Gepflogenheiten wird sexuelles Begehren auf unterschiedliche Weise ausgedrückt und unterdrückt, wobei dies von den passenden Partnern, Gelegenheiten, Zeiten, Orten und körperlichen Praktiken abhängt. Wir sublimieren unsere gattungsmäßige Sexualität auf jede nur erdenkliche Weise. Da kann es sogar passieren, dass wir sie für den höheren Wert des Zölibats ganz hinter uns lassen, was abermals beweist, dass es in symbolischen Systemen weitaus verlockendere Möglichkeiten gibt, unsterblich zu werden, als sich die unergründliche Mystik vom »egoistischen Gen« träumen lässt. Letztendlich ist auch die Unsterblichkeit ein durch und durch symbolisches Phänomen – was sollte sie auch sonst sein? (In seiner *Theorie der ethischen Gefühle* erwähnt Adam Smith die Menschen, die ihr Leben freiwillig wegwerfen, um nach dem Tod den Ruhm zu genießen, dessen sie sich im Leben nicht mehr erfreuen konnten; sie begnügen sich damit, in ihrer Einbildungskraft den Ruhm vorwegzunehmen, den sie erlangen werden.) Ähnlich wird auch die Sexualität in unterschiedlich bedeutungsvollen, geordneten Formen ausgelebt. Für den Fall, dass jemand meint, Jagen sei doch eine etwas bizarre Form des Sexualakts, muss man sich nur vor Augen führen, dass manche Menschen im Westen Telefonsex haben.

Was für den Sex gilt, gilt auch für andere angeborene Bedürfnisse, Triebe oder Veranlagungen: Mögen sie auf Ernährung bezogen, aggressiv, sozial oder mitfühlend sein, in jedem Fall sind sie symbolisch definiert und gehorchen infolgedessen kulturellen Regeln. In bestimmten Situationen kann es etwa vorkommen, dass Aggression oder Dominanz das Verhalten eines New Yorkers annehmen, der auf die Bemerkung »Haben Sie noch einen schönen Tag!« antwortet: »Sie haben mir nicht zu sagen, was ich tun oder lassen soll!« Wir stehen auf den Sportfeldern von Eton, wir liefern uns Schlachten mit Schimpftiraden, wir versuchen, andere mit Geschenken zu beschämen, die diese nicht erwidern können, oder wir schreiben vernichtende Rezensionen über die Bücher akademischer Kollegen aus dem gegnerischen Lager. Die Eskimos sagen, Geschenke machen Sklaven, genauso wie die Peitsche den Hund macht. Doch um diesen Gedanken oder auch dessen bei uns sprichwörtliches Gegenteil zu verstehen, dass Geschenke die Freundschaft erhalten, muss man mit einer »wässrigen Seele« geboren sein und darauf warten, dass sich unsere Menschlichkeit im Guten wie im Schlechten in den bedeutsamen Erfahrungen einer bestimmten Lebensform offenbart. Das ist etwas anderes als unsere antiken Philosophien und modernen Wissenschaften lehren, nach denen wir von unserer unbezähmbaren menschlichen Natur dazu verdammt sind, um jeden Preis und egal auf wessen Kosten um unseren eigenen Vorteil zu kämpfen und so die eigene soziale Existenz zu gefährden.

Das war alles ein gewaltiges Missverständnis. – Mein bescheidenes Fazit aus alldem ist, dass die westliche Zivilisation auf einer perversen und falschen Vorstellung von der menschlichen Natur errichtet wurde. Tut mir wirklich schrecklich leid, aber das war alles ein einziges Missverständnis. Wahr ist wohl vielmehr, dass diese perverse Idee von der menschlichen Natur lebensbedrohlich ist.

Auswahlbibliografie

John Adams, *A Defence of the Constitutions of Government of the United States of America*, 4 Bände, Aalen 1979 [Reprint der Ausgabe Philadelphia 1797].

Giorgio Agamben, *Homo sacer. Die souveräne Macht und das nackte Leben*, übers. von Hubert Thüring, Frankfurt am Main 2002.

Dante Alighieri, *Monarchia*, übers. von Ruedi Imbach und Christoph Flüeler, Stuttgart 1989.

Thomas von Aquin, *Über die Herrschaft der Fürsten*, übers. von Friedrich Schreyvogl, Stuttgart 1971.

Leonardo Bruni [Aretino], *Humanistisch-Philosophische Schriften. Mit einer Chronologie seiner Werke und Briefe*, hg. und erläutert von Hans Baron, Leipzig/Berlin 1928.

Aristoteles, *Nikomachische Ethik*, übers. von Franz Dirlmeier, Berlin 1956.

–, *Metaphysik*, übers. von Hermann Bonitz, bearbeitet von Horst Seidl, Hamburg 1995.

–, *Politik*, hg., übers. und bearbeitet von Franz Susemihl, Aalen 1978.

Aurelius Augustinus, *Bekenntnisse*, übers. von Joseph Bernhart, München 1955.

–, *Vom Gottesstaat* (2 Bände), übers. von Wilhelm Thiemme, Zürich 1955.

Edmund Burke, *Betrachtungen über die Französische Revolution*, übers. von Friedrich von Gentz, in:

Ders./Friedrich von Gentz, *Über die Französische Revolution*, Berlin 1991.
Johannes Chrysostomus, *Einundzwanzig Homilien über die Bildsäulen*, übers. von Joh. Chrysostomus Mitterrutzner, Kempten 1874.
Cicero, *Vom rechten Handeln*, übers. von Karl Büchner, München 1987.
W. Robert Conner, *Thukydides*, Princeton NJ 1984.
Susanne Daub, *Leonardo Brunis Rede auf Nanni Strozzi*, Stuttgart/Leipzig 1996.
Herbert A. Deane, *The Political and Social Ideas of St. Augustine*, New York et al. 1963.
Euripides, *Die Phönikerinnen*, übers. von Ernst Buschor, in: Ders., *Sämtliche Tragödien und Fragmente*, Bd. IV, o. O. 1972.
Adam Ferguson, *Versuch über die Geschichte der bürgerlichen Gesellschaft*, übers. von Hans Medick, Frankfurt am Main 1988.
Sigmund Freud, *Das Unbehagen in der Kultur*, in: Ders., *Studienausgabe*, Bd. IX, Frankfurt am Main 1974.
Clifford Geertz, *The Interpretation of Cultures*, New York 1973.
–, *Dichte Beschreibung*, übers. von Brigitte Luchesi und Rolf Bindemann, Frankfurt am Main 1983 [Auswahl aus *The Interpretation of Cultures*].
Thomas Gustafson, *Representative Words*, Cambridge 1992.
Alexander Hamilton, James Madison, John Jay, *Die Federalist Papers*, übers. von Barbara Zehnpfennig, Darmstadt 1993.
Hesiod, *Werke und Tage*, übers. von Otto Schönberger, Stuttgart 1996.
–, *Hauslehren*, in: Ders., *Werke und Orfeus der Argonaut*, übers. von Johann Heinrich Voss, Heidelberg 1806.

Thomas Hobbes, *Naturrecht und allgemeines Staatsrecht in den Anfangsgründen*, übers. von Ferdinand Tönnies, Darmstadt 1983 [Nachdruck der Ausg. von 1926].

–, *Leviathan*, übers. von Walter Euchner, Frankfurt am Main 1991.

–, *Vom Menschen – Vom Bürger*, übers. von M. Frischeisen-Köhler, nach dem lat. Orig. berichtigt von Günther Gawlick, Berlin 1967.

Richard Hofstadter, *The American Political Tradition and The Men Who Made It*, New York 1951.

Paul Thiery D'Holbach, *System der Natur*, übers. von Fritz-Georg Voigt, Berlin 1960.

David Hume, *Ein Traktat über die menschliche Natur*, übers. von Theodor Lipps, Hamburg 1973.

Irenäus, *Fünf Bücher gegen die Häresie*, übers. von Ernst Klebbe, Kempen/München 1912.

Immanuel Kant, *Idee zu einer allgemeinen Geschichte in weltbürgerlicher Absicht*, in: Ders., *Gesammelte Schriften*, Bd. VIII, Berlin 1912.

Ernst H. Kantorowicz, *Die zwei Körper des Königs. Eine Studie zur politischen Theologie des Mittelalters*, übers. von Walter Theimer, München 1990.

Claude Lévi-Strauss, *Die Luchsgeschichte*, übers. von Hans-Horst Henschen, Frankfurt am Main 2004.

Arthur O. Lovejoy/George Boas, *Primitivism and Related Ideas in Antiquity*, New York 1965 [Reprint der Ausgabe Baltimore 1935].

Lysias, *Verteidigungsrede (gegen die Anklage auf Sturz der Demokratie)*, in: Ders., *Reden*, Bd. II, übers. von Ingeborg Huber, Darmstadt 2005.

Niccolò Machiavelli, *Der Fürst*, übers. von Philipp Rippel, Stuttgart 1986.

–, *Discorsi*, übers. von Rudolf Zorn, Stuttgart 1977.

Crawford B. Macpherson, *Die politische Theorie des*

Besitzindividualismus, übers. von Arno Wittekind, Frankfurt am Main 1967.
Bernard Mandeville, *Die Bienenfabel oder Private Laster als gesellschaftliche Vorteile*, übers. von Helmut Findeisen, München 1988.
MacKim Marriott (Ed.), *Village India*, Menasha 1955.
Herman Melville, *The House-top. A night piece*, in: Ders., *Battle-Pieces and Aspects of the War. Civil War Poems*, New York 2001.
Friedrich Nietzsche, *Zur Genealogie der Moral*, in: Ders., *KSA*, Bd. 5, Berlin/New York.
Henning Ottmann, *Geschichte des politischen Denkens*, Bd. 2.2, Stuttgart/Weimar 2004.
George Packer, *The Assassins' Gate*, New York 2005.
Elaine Pagels, *Adam, Eva und die Schlange*, übers. von Kurt Neff, Reinbek 1991.
Thomas Paine, *Common Sense*, übers. von Lothar Meinzer, Stuttgart 1982.
Giovanni Pico della Mirandola, *Über die Würde des Menschen*, übers. von Herbert Werner Rüssel, Zürich 1988.
Platon, *Gesetze* [*Nomoi*], übers. von Friedrich Schleiermacher, Frankfurt am Main und Leipzig 1991.
–, *Der Staat* [*Politeia*], übers. von Friedrich Schleiermacher, Frankfurt am Main und Leipzig 1991.
–, *Gorgias*, in: Ders., *Sämtliche Werke II*, übers. von Friedrich Schleiermacher, Frankfurt am Main und Leipzig 1991.
Alexander Pope, *Vom Menschen*, übers. von Eberhard Breidert, Hamburg 1993.
Carl J. Richard, *The Founders and the Classics*, Cambridge/Mass. et al. 1994.
François de la Rochefoucauld, *Die Maximen des Herzogs von La Rochefoucauld*, übers. von Ernst Hardt, München/Berlin 1938.

Johannes von Salisbury, *Policraticus*, übers. von Stefan Seit, Freiburg i. Br. 2008.

David M. Schneider, *American Kinship*, Englewood Cliffs NJ 1968.

William Shakespeare, *Troilus und Cressida*, übers. von Wolf Heinrich Graf Baudissin, Stuttgart 1963.

Quentin Skinner, *Visions of Politics*, Vol. III, Cambridge 2002.

–, *Visionen des Politischen*, übers. von Robin Celikates und Eva Engels, Frankfurt am Main 2009.

–, *Reason and Rhetoric in the Philosophy of Hobbes*, Cambridge 1996.

–, *Machiavelli's Discorsi and the pre-Humanist Origins of Republican Ideas*, in: Gisela Bock (Hg.), *Machiavelli and Republicanism*, Cambridge 1990.

Marilyn Strathern, *The Gender of the Gift. Problems with Women and Problems with Society in Melanesia*, Berkeley et al. 1988.

Bernardino Telesio, *De rerum natura*, Modena 1910.

Thukydides, *Geschichte des Peloponnesischen Krieges*, übers. von Georg Peter Landmann, München 1933.

Eustace Tillyard, *The Elizabethan World Picture*, London 1943.

Jean-Pierre Vernant, *Mythos und Gesellschaft im alten Griechenland*, übers. von Gustav Roßler, Frankfurt am Main 1987.

Eduardo Viveiros de Castro, *Perspektiventausch: Die Verwandlung von Objekten zu Subjekten in indianischen Ontologien*, übers. von Wilfried Prantner, in: *Animismus*, hg. von Irene Albers und Anselm Franke, Zürich 2012.

Erste Auflage Berlin 2017

Göhrener Str. 7 | 10437 Berlin
info@matthes-seitz-berlin.de

Satz: psb, Berlin
Druck und Bindung: Art Druk, Szczecin
Umschlaggestaltung nach einer Idee
von Pierre Faucheux
ISBN 978-3-88221-565-6

www.matthes-seitz-berlin.de